荷兰王国的知识中心
莱顿大学

王子安◎主编

汕头大学出版社

图书在版编目（ＣＩＰ）数据

荷兰王国的知识中心——莱顿大学 / 王子安主编
. -- 汕头 ： 汕头大学出版社，2012.4（2024.1重印）
ISBN 978-7-5658-0698-8

Ⅰ．①荷… Ⅱ．①王… Ⅲ．①莱顿大学－概况 Ⅳ.
①G649.563.8

中国版本图书馆CIP数据核字(2012)第066409号

荷兰王国的知识中心——莱顿大学

主　　编：王子安
责任编辑：胡开祥
责任技编：黄东生
封面设计：君阅天下
出版发行：汕头大学出版社
　　　　　广东省汕头市汕头大学内　邮编：515063
电　　话：0754-82904613
印　　刷：河北浩润印刷有限公司
开　　本：710mm×1000mm　1/16
印　　张：11
字　　数：80千字
版　　次：2012年4月第1版
印　　次：2024年1月第2次印刷
定　　价：50.00元
ISBN 978-7-5658-0698-8

目 录

莱大沧桑

斗争中诞生的莱大 ………………………………………… 3
莱大的衰落与崛起 ………………………………………… 10
二战硝烟漫校园 …………………………………………… 32
新世纪莱大风采 …………………………………………… 47

莱大精英

近代自然科学的开拓者——惠更斯 ……………………… 73
最有建树的医学教育家——布尔哈维 …………………… 85

诺贝尔光芒

贫寒学子的自学路 ………………………………………… 93
挑战低温世界 ……………………………………………… 97
铸就经济计量的光彩人生 ………………………………… 115

目
录

千岛之国的骄傲 …………………………………… 121

乐于助人的物理学家 ……………………………… 128

发现"塞曼效应"的浪子 …………………………… 133

莱大荣光

"荷兰的母亲" ……………………………………… 139

果断的新君主 ……………………………………… 153

莱大的"名誉博士" ………………………………… 161

目

录

菜大沧桑

斗争中诞生的莱大

对于中国的学者们来说，莱顿大学也许不像牛津、剑桥那样赫赫有名。但一定知道科学巨匠惠更斯、物理学大师洛伦兹，他们都是出自莱顿大学。

莱顿大学

莱顿大学是荷兰最古老的大学。它是在荷兰与西班牙殖民者的斗争中建立的，与荷兰的命运息息相关。16 世纪，荷兰还处在西班牙王国的统治之下，全国没有一所大学，许多荷兰人要到邻国比利时的鲁汶大学和欧洲其他国家的大学去求学。当时欧洲各大学都以拉丁文作为授课语言，所以欧洲国家的学生跨国学习没有什么语言障碍。

1568 年，荷兰爆发了反对西班牙国王腓力二世和殖民统治者阿尔法的独裁专制的大起义。这场反对西班牙殖民统治的战争持续了 80 年，史称"八十年战争"。在 1572 年 7 月，荷兰北方各省摆脱了西班牙的统治，成为独立的国家，威廉·冯·欧朗叶亲王被推举为总督。

莱
大
沧
桑

荷兰风光

起义者在反对殖民统治的斗争中认识到，要想保卫所取得的胜利成果，就必须坚决挣脱罗马天主教的羁绊。他们决定禁止信奉罗马天主教，公认成熟了的加尔文教的象征，新教是唯一的宗教信仰。由于这种

情况，荷兰的法学家、神学家和医学家如果继续要到信奉天主教的鲁汶大学深造，就极其困难了，因此迫切需要在荷兰国土上建立一所自己的大学。除此之外，欧朗叶亲王也迫切希望荷兰建立自己的"知识中心"，以便为维护国家独立和加强新教会力量培养人才。

1574年12月28日，欧朗叶亲王正式向国家提出创办一所大学的建议。1575年1月2日，国家接受了欧朗叶亲王的建议，决定把荷兰有史以来的第一所高等学府设在莱顿市，以此来表彰莱顿市民在捍卫民族独立、抗击西班牙殖民统治的斗争中所建立的伟大历史功绩。

1575年2月8日，莱顿大学在抗击西班牙殖民者的斗争中诞生了。这天上午，莱顿居民兴高采烈地涌上街头，参加和观看庆祝荷兰第一所高等学府——国立莱顿大学正式建立的盛大游行。游行队伍主要是由抗击西班牙殖民者的市民自卫军官兵和刚刚被聘任的教师队伍组成。他们手举着旗帜和武器，以"圣经"为先导，通过一些临时搭起来的凯旋门，最后到达拉蓬堡大街，也就是当时莱顿大学第一校址所在地。

一艘载着阿波罗和九个缪斯神像的木船在此迎候，它象征着莱顿大学的诞生得到了艺术众神的祐护。莱顿大学刚成立时，校址设在拉蓬堡大街的圣·巴尔巴拉修道院。两年后，迁移到法里德·巴海纳教堂。1581年，又迁移到了改建的白尼姑修道院，也就是至今仍然被视为莱顿大学主要建筑的教学楼。楼里除了有大讲堂外，还有学位评议厅和校史博物馆。

最初，学校在资金方面还没有遇到很大困难，人们把被取代的修道院里的物资用来办学，当时最困难的是聘请不到称职的教师。1575年大学成立时聘用的那些教师，并没有打算长期在学校里任教。由于荷兰起义军内部在坚持反对西班牙国王腓力二世的斗争问题上发生了矛盾，致使国内外一些学者放弃了到莱顿大学来任教的机会。

1579 年以后，荷兰的政治局势有了新的转机。已经从西班牙殖民统治的桎梏下解放出来的北方各省结成了乌特勒支联盟，1588 年正式宣布废黜西班牙国王腓力二世的统治，成立七省联盟共和国，定名为荷兰共和国。荷兰共和国一直延续到 1795 年法国拿破仑军队入侵，在历史上存在了 207 年。

莱顿大学

莱顿大学的学监们深深懂得，要想使莱大腾飞，跻身于世界知名学府之林，就必须不惜重金，招聘第一流的学者来校任教。莱大的第一任首席学监杜斯，亲自负责教师的选聘工作。

1578 年，欧洲一位重要的人文主义者利普西斯辞掉鲁汶大学的职务，来到莱大任教。他的到来，使莱顿大学逐渐闻名于欧洲知识界。一

莱顿大学

年以后，法国的法学家多耐吕斯继利普西斯之后从德国的海德堡来到莱顿。1582 年，《草药书》的作者多多纳斯离开维也纳宫庭应邀赴莱顿大学医学院授课。多多纳斯在莱顿大学任教三年，直至去世。他为莱顿大学医学院带来了声誉，扩大了影响。

莱大沧桑

1592 年，植物学家科鲁西斯在他 65 岁时不再继续授课，亲自为学校建立一个供教学和观赏之用的植物园。科鲁西斯是该植物园的第一任领导者，他于 1609 年去世。

为了使莱顿大学在各个学科领域都走在欧洲前列，莱顿大学的学监们十分重视知名学者的作用，尤其珍视杰出的人文主义者利普西斯对莱大发展的贡献。然而，出人意料的事情终于发生了。1591 年，利普西斯重返天主教教会，回到德国的鲁汶大学任教。利普西斯走后，莱顿大学急需聘请一位像他那样德高望重的人文主义者和语言大师。不仅学监们为此尽心竭力，连荷兰总督毛利茨亲王（1567—1625 年，威廉·冯·欧朗叶亲王之子）也亲自过问此事。学监们选中了著名的语言学家、法国胡格诺派教徒斯卡里格。于是他们和毛里茨亲王分别致函斯卡里格，邀请他赴莱顿任教，并且许诺给他提供优厚的待遇：他可以得到比任何同事都高的工资，并且可以免除授课的义务；他只需负责培养几位才华出众的学生；他的地位仅次于校长。1593 年，为保证斯卡里格能够安全抵达莱顿，荷兰特派舰队前往意大利迎接。斯卡里格在莱顿大学一直任职到 1609 年去世。

与利普西斯相比，斯卡里格则是另外一种类型。他没有留下流芳百世的巨著，但是他用他渊博的知识卓有成效地促进了各个学科的发展。斯卡里格虽是语言学家和历史学家，但是他对医学、植物学和天文学也颇有研究。斯卡里格精通多种语言，发表过无数篇文章。他研究过阿拉伯语、波斯语和埃塞俄比亚语，他填补了莱顿大学对东方语言研究的空白。

莱顿大学既重视罗致人才，也重视培养人才。在莱顿大学成立后的头 25 年期间，学校除了研究、开设神学、法学和医学课程，也培养学

莱大沧桑

生们研究古代作家的作品，使得学生们能够寻觅到人类文明的起源，因此语言学在当时莱顿大学三所学院的教学中处于重要地位。

17 世纪，荷兰取代西班牙成为世界上最强大的国家。当时，荷兰拥有世界上最大的商船队和舰队。荷兰利用海上优势打开了通向世界的大门，与各国通商，并且抢占殖民地，给荷兰的经济带来了空前的繁荣。随着荷兰经济和政治的崛起，莱顿大学也得到了迅速的发展，成为欧洲著名大学之一，许多外国人慕名到莱顿大学求学。由于学校统一使用拉丁语授课。所以来自德国、法国、苏格兰、爱尔兰、奥地利、波兰、俄国、瑞典和丹麦等国的大学生都可以毫无困难地在莱顿大学听课。

莱 大 沧 桑

苏格兰风光

回顾莱顿大学开创之初几十年的发展，我们可以发现，莱大的创业

者们具有无比的魄力和伟大的胸怀。尽管在办学中遇到无数的困难，但他们始终坚持高标准、严要求。他们不仅仅满足于兴办一所大学，而是竭尽全力地追求一个新型的、进步的和享有国际声誉的高等学府。他们为了尽可能多地聘请到世界一流水平的学者，不仅提供优厚的待遇，而且在师资极其缺乏的情况下让一些人免除教授课程的义务。经过他们的努力，莱顿大学在古代语言学、植物学和对阿拉伯语的研究等领域已在知识界享有崇高的声望。莱顿大学在短短的几十年中取得如此巨大的成绩，首先应该归功于那些创业者。特别是杜斯首席学监，他把整个后半生的精力全部奉献给了莱顿大学。

莱
大
沧
桑

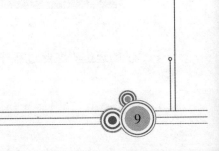

莱大的衰落与崛起

百年停顿

在大学中神学的主宰地位让给了科学，标志着中世纪大学向近代大

莱顿大学一景

学的迈进。在此过程中，莱顿大学充当了急先锋。1587 年莱顿大学的

学监们决定建立一所植物园，使医学和物理学的教学更好地让理论与实践结合起来，当时欧洲只有五所院校拥有用于植物医学教学的植物园。

1594 年，这一决定付诸实施。几乎在同一时期，医学学科的教学中开始设置解剖直观教学课程。1589 年学校又建造了一个解剖学直观教学大讲堂，解剖学直观教学课程的设立极大地促进了医学的发展。1633 年，根据东方语言学家高昌的倡导，莱大建起了一座小型天文台。

惠更斯

与此同时，医学教学也开始同临床相结合。莱顿大学领导者在兴建高质量的教学和研究设施方面表现出极其卓越的战略眼光。这时的莱顿大学在自然科学与医学研究方面空前活跃，出现了惠更斯这样的科学巨匠。17 世纪至 18 世纪初，莱顿大学成为欧洲一所具有吸引力的著名学府。在 18 世纪第一个 25 年，共有 1430 名德国人、406 名苏格兰人、339 名英国人和 147 名奥地利人在莱顿大学注册学习。但是到第三个 25 年，只有 391 名德国人、55 名苏格兰人、125 名英国人和 7 名奥地利人在莱大求学了。到第四个 25 年，外国学生人数继续下降。

18 世纪中叶以后，由于荷兰国力的衰退，工业和贸易的不景气，欧洲各国新大学的兴建导致大学之间产生对学生的竞争、对争聘名师的竞争以及经费等问题，莱顿大学在欧洲独一无二的地位受到了其他国家强有力的冲击。本来德国学生的人数一直居于莱大之首，可是，当德国

莱大沧桑

的耶那大学、哈雷大学、莱比锡大学和格廷根大学建立后，许多学生被这几所大学吸引去了。供学生们自由选择的大学增多了，大学之间争聘名师的竞争越来越激烈了。普鲁士国王和奥地利女皇不愿意看到他们的臣民为别的国家服务，采取了一些保守措施，如果普鲁士的大学教授接受莱大的聘任而向校方提出辞职，就会遭到拒绝。这样，莱顿大学从外国聘请教师就困难了。另外，莱大要求受聘的外国教授们必须承认新教，从而自己限制了自己向国外选聘教授的工作。

欧洲其他名牌大学如格廷根大学、维也纳大学、爱丁堡大学和柏林大学仿效莱大的模式建立起来的医学教育、得到了蓬勃发展，而莱大自己的医学教育却一落千丈。在赫拉菲山德的继承者米森伯鲁克死后，曾一度对外界有很大影响的莱大物理学教学也停滞不前了。赫拉菲山德编写的物理学教科书被译成了英文和法文，西欧各校都使用这本书做教材。

布尔哈维，H.

布尔哈维

莱大植物园在布尔哈维时代增加了许多新的植物品种，布尔哈维曾发表过两次莱大植物园植物品种的目录。可是，在布尔哈维之后，医学植物学教授 A. 罗依恩声称没有时间整理他继任以后所新增添的植物品种目录。1754 年他的侄子 D. 罗依恩接替了他的植物学教学工作后，也没有发表过植物品种目录和任何有关植物学方面的著作。

布尔哈维编写的化学教科书在欧洲得到广泛的应用。他的继承者豪毕曾写过关于牛奶和胆汁的论文，也分析过海水和海水中出现的硫酸盐。但是，1755年柏拉克开创性的实验一问世，豪毕就认识到他自己所做的实验没有多大意义，他的兴趣从致力纯化学研究转向研究人体化学、生理学和病理学工作去了。豪毕编写的病理学教科书很受欢迎，被译成法文和德文出版。但是，布尔哈维死后第七年，莱大的医学临床实践课完全陷于瘫痪。豪毕和罗依恩都没有能够把莱大医学院的临床实践课恢复起来。

德国医学家哈勒曾经赞赏莱顿大学图书馆收藏的大量珍贵的东西方手稿和新书，然而，自1725年以后，莱顿大学就几乎不再购买什么书了。当然，并非所有的学科都像前面提到的几个学科那样遭到厄运。解剖学在阿勒毕尼和桑迪佛尔特的领导下，在整个18世纪一直都处于领先地位，阿勒毕尼编写的骨骼和肌肉解剖图解集受到全世界的公认。桑迪佛尔特对病理和解剖标本的杰出描述，被称为病理学图解法之父。而且语言学和法学也依然保持着它原有的优势和名气。

莱
大
沧
桑

18世纪中叶，莱顿大学的某些学科像是又回到了1590年：古代语言学占据着荣耀的位置，罗马法做为法学研究的中心，科学家们用圣经、旧约和新约做教材，医学院的学生们只能在课堂上听"医学实践"课。1590年以后发展起来的学科，到了18世纪中叶，除解剖学外，很少能保持住自己的地位：植物园凋敝，化学课衰落，医学临床实践课不受重视。

语言学和离不开语言学的神学、法学之所以能够保持比自然科学更多的优势，是因为这些学科历来在莱大的教学计划和教学实践中占有独立的地置。而那些新兴的自然科学学科，例如植物学和化学，则被视为

医学的附属学科，没有自己独立的位置。这样，从事植物学和化学研究和教学的教授们觉得没有发展势头，纷纷改行从事医学研究和教学去了，从而导致这些新兴学科的停滞不前甚至出现衰退。

物理学也同植物学和化学的命运一样，一直没有自己独立的固定位置。自古希腊亚里士多德以来，"Physica"（物理）只被算做哲学的一部分。17—18世纪初叶，莱顿大学的佛尔德和赫拉菲山德把物理学引向以做实验为主的方向，使得"Physica"渐渐具有我们今天所称的物理

精细化学

学这个概念。但是，在赫拉菲山德时代，人们仍然把"Physica"称做"Proefondervindelÿke Wÿsbegceae"（实验哲学）。1749年，阿拉曼特当上哲学和数学教授后，又把"Natuurkunde"（物理学）这个概念局限于隶属兽医学的一门学科。实验物理学在莱大的几经波折，反映了科学发展的道路是曲折的。

在18世纪中叶的第三个25年，莱顿大学大体上没有什么大的变化。尽管人们为了改变学校不景气的状况进行了不懈的努力，但自然科学还是没有能够振作起来。

18世纪末叶，荷兰国内政局动荡，而且在世界上建立的殖民体系随着英法等国家的兴起逐渐瓦解。1810年，拿破仑军队入侵荷兰，荷

莱大沧桑

兰被法国吞并。莱顿大学法学家凯姆伯积极投入荷兰人民反对拿破仑的抵抗运动。1813 年，拿破仑占领军被击退，荷兰获得第二次解放。

　　1811 年法国皇家学院的古非尔和诺爱勒做关于莱顿大学教育的报告时，指出莱大的自然科学学科在还没有自己固定的位置时，是不会有真正的繁荣的。

海牙风光

　　从法国短暂的吞并下重新获得独立后，荷兰政府对高等教育进行整顿。依照 1815 年的"皇家决定"，荷兰设置三所国立大学：莱顿大学、乌特勒支大学和格罗宁根大学。国立大学虽仍由学监管理，但大学人事任免、出版事务和重大决议，得通过设在海牙的荷兰政府。自此，莱顿大学不再是一个独立的"自治体"了。但是，莱顿大学作为荷兰第一所大学的地位则依然未变。按政府规定，莱顿大学可设教授位置 21 个，

莱
大
沧
桑

其余两所国立大学的教授位置只能各设 3 个。在教授的工资待遇上，莱顿大学也高于其余两所国立大学的 25% 。

作为由荷兰政府直接领导的第一所高等学府，莱顿大学自应很好地为解决荷兰王国所面临的重大问题而服务。在法国侵略者被赶走之后，荷兰依然在沿用法国占领期间被强迫接受的法国法律。虽然，早在 1798 年通过的荷兰宪法规定 1800 之前制定几部荷兰自己的新法典，由于莱顿大学法学院长期以来以研究和讲授古罗马法典条文为己任，荷兰自己的新法典老是制定不出来。法学院将国家法和荷兰史逐渐取代罗马法列为法学研究和教学的重点后，《荷兰民法》和《荷兰刑法》分别在 1838

文艺复兴时期的美术作品

和 1886 年问世。至此，罗马法才失去它在莱大法学院长期以来所占据的统治地位，只保留一些重要部分供普通教学和研究用，这个变化导致外国学生到莱顿大学来学法律的越来越少了。

在授课用语方面，莱顿大学的教授仍以坚持使用拉丁语的旧传统为荣，这种情况一直延续到 19 世纪初。此时，欧洲其他国家的大学几乎全都改为使用本国语言取代拉丁语给学生授课了。这种"以不变应万

莱
大
沧
桑

变"的保守作法，同样导致外国到莱顿大学来求知的学生人数有所下降。连莱顿大学的荷兰学生，也要求自己的老师用荷兰语代替拉丁语给他们上课了。拉丁语迟迟不肯离开莱顿大学的讲坛，也是事出有因。数百年的传统世俗之见，把通晓和使用拉丁语作为鉴定一个人是否是"有识之士"的一把尺子：谁的拉丁语好，谁就显得知识渊博；谁用拉丁语授课，谁的酬金多；谁能用拉丁文写诗，谁就受到尊敬。但是，世界不能停留在古希腊古罗马的历史时代而裹足不前，随着文艺复兴而兴起的以人文主义取代经院哲学的欧洲中世纪大学，如果想在历史的车轮进入新时代的时候继续保持领先地位和光荣传统，必须把革新求进放在首位。

19 世纪曾任荷兰王国政府首任首相的托尔拜克（1798—1872 年），在莱顿大学获博士学位后不久，给学监们写了一封信，说服学监们在莱顿大学开设和开好荷兰语言学科，并建议各门学科都用荷兰语作为教学用语。托尔拜克在莱顿大学毕业后曾去德国一些大学访问，回国后，他不胜感慨地说，荷兰语言学在国外已不再算作一门学科了。他说，只有在文学基础知识研究方面，荷兰的大学还处在欧洲大学的领先地位。

繁荣的萌芽

19 世纪初，荷兰的教育界仍然受 18 世纪思想的强烈影响。当德国的学者们刚刚对古代的所有领域进行探索、从事一般性的研究工作之时，莱大巴克的继承者高白特已经开始从事纯雅典风格作家的评论方面的专题研究。他的推测性评论再现了那时作家们的思想和丰富的知识。他在 18 世纪语言学复兴后取得了许多科研成果。

莱大语言学在 19 世纪新的成绩表现在：荷兰文学和荷兰历史的科学研究方面。

1795 年 10 月，为了给学生们提供一个练习必要的语言艺术的机会，热情的爱国主义者桑特学监建议设立一个"荷兰语雄辩术"副教授的位置。第二年，桑特的建议得以实现，年轻牧师西根贝克被任命为这一职务。从此，荷兰语终于在莱顿大学教学中找到了一小块空间（其他课仍用拉丁语讲授）。从 1815 年开始，西根贝克也上荷兰国家史课，但是他只能把瓦格纳根据口头流传整理的读物当做教材使用，他担任荷兰语雄辩术课的任务多于语言课的任务。

荷兰风景

1853 年，福里斯接替了西根贝克的工作。1860 年他把国家史课转让给福劳依恩，福劳依恩是位颇有影响的荷兰历史学家，与荷兰语有关的专业在知识界已经享有一定的声誉，福里斯和福劳依恩两人都是高白特的弟子，受到过同样严格的语言学训练。福里斯进莱大时，从事现代

莱 大 沧 桑

荷兰语和中古荷兰语的研究工作。后来，他们两位的学生把他们的工作方法又传播到了其他荷兰大学。

莱大的自然科学教育经过一段衰落时期之后，又逐渐地得到了国家的重视。许多社会社团为自然科学的继续发展做出了不懈的努力：1753年，"荷兰科学协会"在哈雷姆市成立；1769年"巴达维亚实验哲学协会"在鹿特丹建立；1778年"台勒协会"在哈雷姆诞生。大约在1785年前后，莱大的自然科学和医学研究开始出现了繁荣的萌芽。

1785年，莱顿大学决定建立一幢完全新式的教学楼，其中有一部分是为物理和其他自然科学学科设计的。1787年，在伯莱斯威克学监建议下重新恢复了医学临床实践课。卡西里雅医院为临床实践课提供了20张床位。虽然他们的追求收效不明显，然而学校采取的这些措施鼓舞了要求革新的人们。在荷兰共和国最后的几年里，第四次英国战争之后（1780—1784年），由于缺少资金，那些珍贵的计划只能放在纸篓里，自然科学学科的教授们的愿望成了泡影。

1784年，佛勒特伦接受了上化学课的任务，但是他对化学的发展没有提出什么新理论。1785年，达门开始在莱顿讲授高等数学，两年后又接受了实验物理课。达门于1793年去世后他的继承人纽兰特仅做了18个月的教授也离开了人世（他去世时只有30岁），使得物理学和化学学科出现了空缺。尽管学监们尽了极大的努力，也没有为这两个学科找到合适的继承人。

学监们为了能让数学和物理学专业开课，临时任命艾埃克为讲师。他虽然年轻，可是他的拉丁语诗歌很受人们的赞赏，同时他们继续寻觅更优秀的人选。最后他们不得不正式任命艾埃克为正式教授，他在物理教学中完全按照医学学生们的需要讲课，致使物理学的研究工作没有新

莱大沧桑

的起色。与此同时，学校把化学教学委托给伯鲁赫曼斯。他从1786年就开始担任莱大的植物学教授、从1787年起还任动物学教授，他的担子非常重。但是像伯鲁赫曼斯这样多才多艺的学者在身兼数职的情况下也会忽视一些个别专业的发展，因此他呼吁：一个学者不能同时从事过多学科的工作。

莱顿大学一景

自1799年之后，医学院临床教学的状况有了一定的改善，已经有一幢稍大点的楼专供临床实践教学使用。楼内设有外科部和产科部，共有32张床位。1785年后的20年间，阻碍莱顿大学发展的弊病得到了解除，但是医学和自然科学的重新繁荣时代还没有到来。

1813年荷兰从拿破仑统治下获得解放后，人们又鼓起勇气建设自然科学，但是自然科学的发展没有像人们所期待的那样快。科学研究成果还不能直接应用于社会，纯科学的繁荣仍然没有到来。另外，也有些客观原因，阻碍了自然科学的发展，国家财政状况在 1830 年比利时脱离荷兰王国后极其困难。国家要求人们尽最大可能地节省资金，新上马的学校基建工程不得不停止。1850 年，国家财政状况有所好转，可是学校的科研工作还不能展开翅膀自由翱翔。托尔拜克首相认为：大学教授应把教书做为第一目的，而不是从事科研工作。高等院校的重要任务是"为社会培养青年，科学这个词的意义就是要为社会尽职"。他反对有些学科教学分开，他也不赞成给高等院校较多的经济支助。他说，"高等教育资金的增多，一般会使人的奋发精神减少。"托尔拜克想用德国大学自奋的例子解释他的主张。但实际上，德国的大学靠自己的奋斗精神取得了迅速的发展，而荷兰却落后了。

德国耶拿大学

19 世纪，莱大实验室的陈旧设备和所做的实验更是令人非常沮丧，化学教授保恩被迫自己解囊购买实验仪器。1831 年他死后，米勒德参观实验室时不得不确认：实验室内什么也没有，甚至连个钳子都看不到——显然保恩自己的仪器已被取走。参观完实验室后，米勒德谢绝了莱大给他的任命。植物学家胡芬自 1828 年请求希望有一个做解剖用的陈

莱大沧桑

尸室和一名解剖尸体的医生协助他工作。可是直到1859年，他的请求还没有回音，他的两个计划全都成了泡影。

只有天文学的处境稍好一些，当然天文学在18世纪时还处在不景气状态。天文学家凯泽为能建立一个新天文台大楼进行了多年的斗争，可是政府没有理会他的请求。1854年，当乌特勒支大学新天文台建成

天文台风景

时，许多团体和个人强烈要求在莱顿大学也建立一座新天文台。三年之后，议会二院终于做出为莱大建设新天文台的决定，1861年新天文台落成。但是不幸的是，新天文台建成后不久，天文学研究又进入了一个新的发展时期，人们开始应用新的摄像技术和光谱分析做天文学研究的辅助手段，而莱大的新天文台却没有添置这些方面的设备。

1860年前后，又有几个其他学科的实验室建成。由于为执行节约的方针，这批实验室都建得比较小。劣等的设备是不能吸引第一流科学

莱
大
沧
桑

家到莱顿工作的，节约资金的方针严重地阻碍了自然科学的发展。

但是，神学院在 19 世纪第三个 25 年中发挥了从来没有过的积极性，对整个宗教界都有很大的影响。

1843 年福兰内克艺术协会被撤销后，史豪勒腾教授到了莱顿。他很快就走在了莱大改革的最前列，他对双重性的超现实主义不满足，打算重新接触旧的复兴派神学。但是他还想保留改革派教会学说中在 19 世纪还有价值的核心部分，并把它看做是全能的上帝的学说。虽然他想与加尔文教的传统相结合，可实际上他带来的完全是一个新的思想体系。他的体系对于善与恶和对通过基督的死得到拯救等情节的描述少于在古代自由神学中的讲述，他的思想体系遭到所有正统派教徒们的强烈反对。

古恩涅被称做莱顿的"现代神学"的第二个先驱。他应用新改革的语言学的评论方法从事《旧约》的研究，并且做出了革命性的推论。以色列教的历史发展的整个画面被他的观点给改变了，因此也同样遭到了许多人的强烈指责。

神学家迪勒创建了一个新学科：比较宗教史学。根据 1876 年颁布的法律，比较宗教史学正式列入神学院教学计划。他借助广博的东方语言知识写了一本书：《从宗教史到世界性宗教统治》。虽然这三位神学家相互间兴趣各异，然而他们在莱大神学院形成了一派：他们三位都反对旧的传统，对圣经抱批评态度。他们既信奉宗教，又倡导现代科学，他们宣传乐观的进化论的人生观。可是在当时，大多数荷兰人接受不了他们的看法，致使神学院学生人数急剧下降。

莱大沧桑

重新崛起

19 世纪后半叶，莱顿大学这所老牌学府经过一个多世纪的衰退之后，又以新的姿态跻身于世界著名学府之林。

物理学在莱顿大学的崛起，造就了举世瞩目的一批杰出的物理学家，其突出的代表人物有范德瓦尔斯、昂尼斯、洛伦兹和塞曼。他们都是 1901—1920 年诺贝尔物理奖获得者，占同一时期诺贝尔物理奖获得者总数 24 人的六分之一。与同时代的伦琴、居里夫妇、卢瑟福、普朗克、爱因斯坦、劳厄、玻尔等物理大师，同为现代物理学的开创者。昂尼斯是最早进入"超导"实践和研究领域的先行者、莱顿物理"四杰"之一，正是他 1915 年通过实验发现了水银在摄氏零下 269 度时电阻突然消失的现象，从而创立了"超导"学说，引起了全世界的震动。

居里夫妇

19 世纪下半叶莱顿大学物理学的崛起，发端于 17、18 世纪以斯耐吕、佛尔德、赫拉菲山德、惠更斯、麦森布罗克等为代表的莱大物理学前辈学者的艰苦创业，得益于 19 世纪下半叶荷兰经济的繁荣。由于经济的繁荣，莱顿大学的管理者能够拿出更多的资金用于更新科研设备，发展科研事业。此外，19 世纪下半叶，欧洲许多国家相继完成产业革命，为物理学的发展提供了基础，创造了条件，开辟了前景。

1876 年，荷兰制定了新的"高等教育法"。按照这一法规，大学将入学基础知识的教学任务转交给大学预备中学。大学普遍采用荷兰语取代拉丁语上课和考试，使数学、物理学、医学和自然科学的发展如虎添翼。实践课在教学中的地位提高到与理论课平起平坐，提高了教学效果和教学质量。由于经济发展对人才的需要，数学和物理学学院学生有了乐观的就业前景，入学学生人数激增。

莱顿大学物理学的崛起和物理"四杰"的出现，还要归功于莱大物理系领导人、物理学家莱克的有教无类和诲人不倦。1872—1875 年，在莱克教授的指导下，范德瓦尔斯和洛伦兹分别完成了引起国际物理学界瞩目的科研论文。

范德瓦尔斯原是莱顿市一家印刷厂的工人，业余自学物理成

莱顿大学

才，受到莱克的赏识。范德瓦尔斯专攻气体、液体运动，由于没有实验场所，难以验证其研究成果。莱克联合莱顿大学物理系和化学系的教授向校方力荐，终于说服校方同意吸收范德瓦尔斯进入莱大物理实验室从事他的科学实践。1872 年，35 岁的印刷工人范德瓦尔斯发表了《气体、液体连续性论》的科研论文，给他本人和莱顿大学都带来声誉。次年，

莱大沧桑

莱顿大学授予范德瓦尔斯物理学博士学位。1881 年，范德瓦尔斯创立了概括气体运动性质的物态方程，被命名为"范德瓦尔斯方程"。他在研究物质三态相互转换的条件时，推导出了临界点的计算公式，荣获 1910 年诺贝尔物理奖。

洛伦兹 1870 年进入莱顿大学攻物理时，年仅 17 岁。在莱克的指导下，1875 年洛伦兹发表了博士学位论文《电磁波的反射与折射理论》，提出了将英国著名物理学家麦克斯韦的电磁场理论与物质的分子理论结合起来的设想，并在此基础上论述了光的反射和折射。1878 年，荷兰皇家学会破例任命 25 岁的洛伦兹为莱顿大学理论物理学教授。以后，洛伦兹在莱大执教达 45 年之久。

洛伦兹在物理学上的突出贡献是创立经典电子论，并为麦克斯韦的经典电磁论奠定了坚实的物理学基础。运动电荷在电磁场中所受的力，由洛伦兹在其电子论中作为基本假设而引入。这力可分做两部分，一部分是电场对运动电荷的作用力，它等于电荷电量和电场强度的乘积；另一部分是磁场对运动电荷的作用力，它和电荷电量、磁感应强度、电荷运动速度以及两者间夹角的正

洛伦兹

弦成正比，方向由左手定则确定，被称做"洛伦兹力"。

洛伦兹还在以太学说的基础上，提出了高速运动参考系与静止参考

莱大沧桑

系之间，时间与空间之间的坐标变换关系式，这就是著名的"洛伦兹变换"，这是狭义相对论中的一个重要公式。洛伦兹还给出了磁共振光谱线，被称做"洛伦兹谱线"。

在数学领域，洛伦兹著有《高等数学原理》一书两卷，内容包括解析几何、微积分的基础理论及其在自然科学中的应用。

1896 年，洛伦兹和他的学生塞曼密切合作，确立了物理学上著名的"塞曼效应"。所谓"塞曼效应"，就是当产生光谱的光源放在足够强的磁场中时，这条光谱就分裂成几条谱线，各条分谱线之间的间隔大小与磁场强度成正比。1902 年，洛伦兹和塞曼师生二人同获诺贝尔物理奖。

莱顿物理"四杰"中的昂尼斯，是由莱克推荐给莱顿大学接替自己职务的，他于 1832 年被任命为莱顿大学实验物理教授，继续从事范德瓦尔斯关于

昂尼斯

气体和液体运动的研究。1908 年昂尼斯成功地将温度降至摄氏零下 150 度时，最难液化的氦终于也变成了液体。昂尼斯由于首先突破液化氦这一难关，获得了 1913 年诺贝尔物理奖。

昂尼斯乘胜前进，继续从事超低温条件下物质形态和性质变化的研究和实验。1915 年，他造就摄氏零下 269 度的超低温条件，发现通电的水银在此低温下电阻消失，这在科学上叫做"超导电性"。这可是一项非同寻常的伟大发现！它不仅预示着电力工业的美妙前景——大大提高发电效率，而且为人类利用这种超导电性制造超导电机、超导磁铁、超导电缆等开辟了广阔天地。昂尼斯在莱顿大学创建了世界上第一座低温物理实验室，1932 年，这座实验室改为以昂尼斯的名字命名，至今仍然作为世界低温物理研究中心。

由于洛伦兹和昂尼斯的努力，莱顿大学物理实验室在 1900 年已成为世界性的现代物理学研究中心。像尼尔斯·玻尔、埃伦弗斯特、爱因斯坦这样一些科学大师，都与莱顿大学物理实验室建立了学术与工作联系。洛伦兹和昂尼斯，被公认为莱顿大学物理学崛起时期的中心代表人物。

爱因托芬

爱因托芬是这一时期莱顿大学在医学和生理学领域内有世界影响的知名学者。他是荷兰著名学医学家唐德斯（荷兰乌特勒支大学医学教授）的学生，1886 年开始在莱顿大学医学院执教。他从事神经和肌肉的电子现象研究，尤其是心肌电子现象的研究。

从 1891 年起，爱因托芬花了整整 30 年时间，终于完成心电图机理的研究和弦线电流计的制作，为万千心脏病患者的诊断提供了精确依据。1924 年，爱因托芬荣获诺贝尔生理学及医学奖。那时，他正在访问美国，并主持一个讲座。人们前来向他祝贺，他谦逊地说："贡献比我大的人大有人在，由我领受这项科学大奖，我深感受之有愧。"

与爱因托芬从事心电图的开创性研究的同时，莱顿大学医学教授豪

尔特对医学化学的研究也获得积极成果。莱大医学院对病理学、眼科学和内分泌学等方面的研究和临床实践也作出重大贡献。这样，在 20 世纪初叶，莱顿大学医学院在国际医学界又重新发挥积极的重要的作用。

20 世纪初叶，莱顿大学天文学教授西特将物理学的最新研究成果应用到天文学研究领域来。他还专门把丹麦天文学家赫茨施普龙请到莱顿大学来从事天文物理学的研究，使莱大天文物理学的研究也处于世界领先地位。西特以发表有关宇宙扩展相对论的论著而闻名于世。

莱大繁荣之因

1. 国家昌盛才能教育繁荣

莱顿大学从创建起，曾经历了 17 世纪和 19 世纪末至 20 世纪的两次繁荣。历史上莱顿大学的兴盛时期，都正是荷兰经济的繁荣时期。17 世纪，荷兰取代西班牙成为世界上最强大的国家。当时的荷兰利用海上的优势打开了通向世界的大门，与各国通商，并抢占殖民地，给荷兰的经济带来了空前的繁荣。随着荷兰经济和政治的崛起，莱顿大学也迅速

鲁汶大学

发展，成为欧洲的著名大学。17 世纪末，荷兰的工业和贸易受到冲击，荷兰王国的衰退导致莱大的不景气。19 世纪下半叶，荷兰经济再度繁荣。由于经济的繁荣，莱顿大学的管理者能够拿出更多的资金

用于更新科研设备，发展科研事业，莱顿大学再次站到世界高等学府的前列。二战以后，荷兰经济的复兴为莱大的发展再一次提供了可靠的物质基础和保证条件，莱大又走向振兴之路。

2. 人才是高校的基石

历史上的莱顿大学非常重视招揽人才，广揽名师。16 世纪，欧洲各大学都以拉丁文为授课语言，所以大学教师经常在各国的大学间流动。莱顿大学成立之初，由于荷兰起义军内部在坚持反对西班牙国王腓力二世的斗争问题上发生了矛盾，致使国内外一些学者放弃了到莱顿大学任教的机会，所以聘请不到称职的教师。但是，莱顿大学的学监们深刻认识到，要想使莱顿大学跻身于世界著名学府之林，就必须不惜重金，招聘一流的学者来校任教。1578 年，欧洲一位重要的人文主义者利普西斯，辞掉了鲁汶大学的职务，来到莱顿大学任教。利普西斯的到来，使莱顿大学日益闻名于欧洲知识界。一年以后，法国的法学家多耐吕斯从德国的海德堡来到莱顿大学。1582 年，《草药书》的作者多多纳斯离开维也纳宫庭前来莱顿大学医学院授课，为莱顿大学医学院带来了声誉，扩大了影响。莱顿大学的学监们十分重视知名学者的作用，尽管如此，由于宗教的影响，1591 年利普西斯重返天主教会，回鲁汶大学执教。为再聘请一位像利普西斯一样威望很高的人文主义者和语言大师，学监们尽心竭力，甚至连当时的荷兰总督毛利茨亲王也亲自过问此事。他们选中了法国著名的语言学家史卡里格，以优厚的待遇邀请他到莱顿大学任教，为保证史卡里格的安全抵达，荷兰特派舰队前往意大利迎接。

欧洲中世纪的大学受宗教影响非常大。但是莱大建立之初，学校的领导者在教师的聘用上，并不在意教师所属的宗教派别，他们以无比的

莱
大
沧
桑

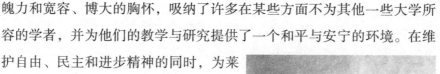

魄力和宽容、博大的胸怀，吸纳了许多在某些方面不为其他一些大学所容的学者，并为他们的教学与研究提供了一个和平与安宁的环境。在维护自由、民主和进步精神的同时，为莱大的发展留住了人才。莱顿大学在选拔人才上从来都是不拘一格，诺贝尔奖获得者、物理学家范德瓦尔斯原来是莱顿市一家印刷厂的工人，业余自学物理成才。

范德瓦尔斯

3. 国际交流是高校发展的动力

荷兰地处北海沿岸，又位于西欧的中心，水陆空交通便利。鹿特丹是世界上最大的海港，斯希普尔机场是连接欧洲空中航线的枢纽，几个世纪以来荷兰一直以其国际化倾向而闻名于世。对外贸易的传统，教会了荷兰人去欣赏别国的文化。荷兰对外贸易的传统对莱顿大学的国际交流影响深远。莱顿大学的国际交流有着悠久的历史。莱顿大学建校之初，师资力量匮乏，莱顿大学的学监们顶住各种压力，从欧洲其他国家聘请了利普西斯等著名学者，一举奠定了莱顿大学在欧洲的领先地位。莱顿大学非常重视国际交流活动，不仅聘用许多外籍教师，而且吸引了许多外籍学生。今天增强国际交流仍然是莱顿大学的重要特征之一，莱大与国外的很多学术机构都有联系，有大量的国际学者在这里从事长期或短期的工作。莱顿大学汉学院是欧洲最大的汉学院之一，该校还同北京大学、北京语言学院、北京师范大学及北京医科大学签有学术交换条约。

莱大沧桑

二战硝烟漫校园

反法西斯斗争

莱顿大学不仅是知识的摇篮，也是维护民主、自由的坚强堡垒。第二次世界大战期间在莱大工作、学习的人们，在反对德国法西斯独裁统治的斗争中表现出的可歌可泣的英勇行为，为莱顿大学的校史增添了光辉的一页。

希特勒法西斯

1940年5月10日，荷兰被希特勒法西斯占领以后，二战的战火和紧张局势使原来疏远的人们和各个党派、组织的人们紧紧地团结在爱国主义的正义旗帜下。在莱顿大学，这种现象更为典型。在此之前，莱顿大学的大型活动都是由学生联谊会出面组织。希特勒入侵后，在1940年6月莱顿大学举行建校365周年的纪念活动中，所有的娱乐性庆祝活动都取消了，莱顿大学学生联谊会与其他的学生团体共同在彼得教堂组织了一个简朴的纪念会。

在同年夏天，又出现了一个代表若干个学生团体的学生组织"莱顿大学生联络委员会"（缩写为 L. S. C. C.），作为荷兰大学生同盟在莱顿的附属组织。

学生团体的联合和团结是有益的，也是完全必要的。根据实际的需要，学生的许多社团由开始的小联合达到了全校的大联合，人们用"大学联盟"这个词做为大联合的名称，利用这个招牌从事抵抗纳粹的活动。

德国法西斯准备采取反犹太官员和反犹太大学教授的措施逐渐明朗化了。1940年11月23日，当宣布代尔夫特大学的所有犹太教师被解职时，代尔夫特的学生开始罢课以示抗议。接着莱顿大学也爆发了抗议运动，参加者不仅限于学生，学校的学监们、校评议会和教师们也都参加了示威活动。学监们表示，他们不会执行解雇任何一个犹太教授的命令。各学院的教师们相互间进行了串联，成立了一个商议小组，以便组织教师采取统一行动。因为德国侵略者规定，不经他们的许可，不许组织20人以上的聚会，所以教师的商议小组只能由几个人组成。全校80名教授中，有59名明确表示响应泰勒德斯教授的建议，抗议德国法西斯在犹太人和其他人之间划分界线。学生们的行动也经常得到泰勒德斯教授的支持，在写给国家全权代表的要求取消对犹太人的种族歧视措施的请愿书上，有大约 1700 名学生签名。

由于莱顿大学学监们反对德国人的反犹太人的措施，受控于德国法西斯的政府对学校事务进行了干预。1940 年 11 月 26 日，有关教师直接收到了政府的通知书，他们被解职了，其中有著名法学家麦业斯教授。按照规定，法学院院长科雷弗林伽教授在当天接替了麦业斯教授的课。他在大讲堂的一次简短的讲演中，不畏强暴，公开谴责受控于德国法西斯的政府当局的行为是不公正、不合法的。他颂扬了麦业斯教授在学术上所取得的

德国法西斯

成就的重要意义，赞颂他："这样的人是我们荷兰人民的高尚儿子。"当时大讲堂里挤满了听众，人们的情绪极其激动，等科雷弗林伽教授的讲话一结束，所有在场的人都自发地唱起了荷兰国歌，紧接着全体学生宣布开始罢课。

德国法西斯清楚地知道这种庄严抗议的后果，因此第二天就关闭了

莱大沧桑

学校，科雷弗林迦教授、泰勒德斯教授和教务委员会主席先后被捕入狱。1940年12月，学生联谊会、莱顿大学生联盟、罗马天丰教学生协会"圣·奥古斯梯尼"和宗教改革派大学生协会被强行解散，学生组织拥有的财产被全部没收。当1941年10月宣布禁止犹太人参加任何学生组织之时，其他剩余的学生团体都被迫自动解散了。

　　1941年5月至11月，学校里还允许进行一些考试，但没过多久，纳粹分子把学校彻底给关闭了。学生们只好自己决定到什么地方去继续自己的学业，绝大多数学生离开了莱顿。学校被关闭了，一场轰轰烈烈的反对法西斯强权统治的运动暂时被镇压下去了。

纳粹标志

　　德国侵略者妄想把莱顿大学变成一所"纳粹"学校。学校关闭后，他们试图按照他们自己的意志继续办学。1942年3月，国家法专业教授被解职，显然德国侵略者是为了腾出这个位子，把它让给他们的顺民。为此，绝大多数教授都要求辞职。德国人对待此事的处理，开始时

莱大沧桑

还显得有些犹豫。到了 6 月 1 日，他们终于决定批准其中的 20 名"煽动分子"的辞职"请求"。其中有些人辞职后很快就被投入了集中营，他们在那里度过了若干年的苦难生活。事件过了 8 个月之后，德国人不得不承认，他们企图把莱顿大学纳粹化的计划破产了。

在荷兰被德国法西斯侵占期间，无数的学生以各种方式积极参加反法西斯的抵抗斗争。其中有许多人为了民族的独立献出了宝贵的生命：米勒德斯、盖勒德、和史侯恩用他们年轻的生命激发了莱顿大学生抵抗运动的发展。

在抵抗运动中，学生组织中涌现出一批杰出的人物。在每次做重要决议时，各学生组织和教师组织的杰出领导者们都要聚集在一起共商大事。学生联谊会成员和非联谊会成员在战前相互之间有隔阂，但是战争爆发以后他们团结一致参加罢课和其他一些抵抗活动，他们一起经历了各种风险。

莱
大
沧
桑

战后的复兴

在纳粹德国统治时期，一些教授常在一起谈论莱顿大学的未来发展。他们认为，大学的未来不应该是复旧，而是要革新。荷兰解放以后，经过在战争中形成的联盟的思想，师生们计划使莱顿大学成为一个真正的统一体。大学联盟委员会很快就按照计划重新恢复了组织，有五位教授，还有学生联谊会、莱顿女大学生协会和基督教大学生委员会等学生组织的代表参加大学联盟委员会的工作。

莱顿大学不仅实现了全校真正的联盟，教学也进行了改革。这两项工作都是按照那些在战争中仍然关心学校发展的教授和学生们的建议进

行的。在战争期间，个别专业已经衰落，许多人就担心学校会支离破碎。因此，佛伦霍芬（莱大东方语言学教授）在他临终前为莱顿大学制定一项计划：学校应该经常给全校学生举办学术报告会。佛伦霍芬教授逝世后，该计划开始执行。1934—1937 年期间，莱大的解剖学家巴尔赫、阿姆斯特丹大学法学家史豪勒腾和格罗宁根大学神学家雷福等根据这项计划先后给学生们做了一些学术讲演。1939—1940 年期间，豪依辛伽又继续开办了三次题为《爱国主义和民族主义》的讲座。

莱顿大学一景

　　刚刚解放的时候，学校要做那些为了尽可能快地恢复上课的急需工作。当时的情况极其困难。从 1941—1945 年期间积压下来的应入大学的学生一下子同时到学校报到，仅一年级新生就有 2000 名。1946 年一年级新生的人数明显减少，以后几年也在逐年下降。直到 20 世纪 50 年代初期，一年级新生人数才比战前刚刚多出一点。由于学生年龄结构的

莱
大
沧
桑

原因，在解放初期毕业生人数很少，使得注册学生人数在 1949 年有很大地增长。这个时期过后，学生人数开始保持稳定。1949—1957 年期间，学生人数总是徘徊在 4200 名到 4500 名之间，这个数字与战前相比，增加约 1500 名。

莱顿大学一景

由于学生人数的增长，扩大教师队伍已是迫在眉睫的事了，1940 年以前的勤俭节约时代和经济危机时期教师本来就不足。人们常常抱怨由于各种名目的考试太多以及其他一些行政琐事，影响了教授们的科研工作和教师与学生们的交往。刚解放之初，78 个教师位置就缺少了四分之一。这种教师短缺的状况持续了好几年，以法学院和文学院最为严重。

后来学校任命了一批教授，这才使教学人员紧张状况有所缓解。特别是新增加了许多配合教授工作的合作者，他们承担了一部分教学任

务，使得教授们的工作有所减轻。

解放之初，基本物质设施也严重不足。许多专业缺少教室，大部分新生没有地方上课。学校只好采取密集课程和疏散课程并举的办法度过了最困难的时刻。为了改变这种落后状况，学校在 1951 年提出一个五年计划。

人们在制定这项计划之前，就清楚地看到了学生人数在未来会增多的趋势，注册学生会远远超过 4000 名（1949 年）。当时预测，到了1970 年，学生人数会比 1949 年增加一倍，但是后来证明这个预测还是太保守了。实际上，到了 1955 年，一年级新生人数就比 1950 年几乎增长一倍，学生总数已经达到了 7500 名。

荷兰风光

一批新学科的设立给学生们提供了更多的学习机会，同时也促进了

莱大沧桑

莱大的繁荣。早在 20 世纪 20 年代和 30 年代，人们就希望设置德语和英语语言文学专业，这一愿望终于在 50 年代实现了：社会学、心理学、教育学和先史学都已经发展成为完善的主要学科；法律学院增加了公证人学专业，1964 年又增加了检查官学专业；神学院开始采用 V. H. M. O.（高级、中级预备教育）的宗教教育方法。

在学生人数增长、科学繁荣和新学科的设立这三股压力之下，莱顿大学从 1951 年以后进入了飞速发展的时代，荷兰经济的重新振兴为莱大的发展提供了可靠的物质基础和保证条件。1951 年以后的 13 年中，学校增加了 90 名教授，科研人员、技术人员和行政管理人员增加得更多。

20 世纪 50 年代，莱大的实验室、校医院和研究所的物质设备条件也随着各方面的发展得到了逐步改善。1950 年，有机化学实验室新的侧翼楼的扩建工程完工；1952 年，动物实验室也新增添了一个侧翼楼，开默林·昂尼斯实验室实现了现代化；1953 年，一座实验温室在校植物园内建成，专供研究植物肥料生理学之用；解剖实验室的新附属工程在 1955 年竣工。1955 年，法学家们都集中到了赫拉芬斯坦法学研究中心。但是由于楼房太小，经济学研究所、犯罪学研究所和东欧情报资料办公室不得不搬到别处去。其他专业也存在与学院分开的类似情况，后来，修建了一些新的建筑以后，这个问题就迎刃而解了。接着，医学院新增添了一幢医院大楼，医学范围内的所有专业化治疗学科都设在楼内，这样对各项科学的合作和组织都提供了很大方便。1959 年，第一座全新的、用于生理学和生物化学研究的实验室落成。旧的生理实验室被拆掉后，开默林·昂尼斯物理实验室获得了扩建的空间。1961 年，世界著名的豪莱士化学实验室建筑群在莱顿市的西郊拔地而起，并在 1967 年开始完全投入使用。

学校的扩大对教学也产生了很大影响。根据 1958 年统计中心办公室的一份报告，教师上课不再准备提纲；学生学习收效不大；使人吃惊的是连学业时间的长短也成了问题。批评家们把这些过失归罪于历史发展留下来的学习计划和教学方法。他们认为，对于不同的学习方向就要用不同的办法，像神学院那样的单位可以不必搞很多措施。法学院为了改变过去学习放任自流的状况，把一些业余时间多些的法学家和一些学习好的联谊会的同学组织起来，帮助后进同学，让他们知道应该怎样做好一个大学生。从此以后，法学院的绝大多数学生都能够按时参加每年的期末考试。

莱顿大学风景

其他专业采取狠抓一年级新生教育的办法来达到整顿教学的目的，让新生们一入学就知道应该怎样生活和学习。化学系还专门成立了一个办公室，领导和组织新生的专业学习和实践课，并且给他们介绍有关考试规定，使得他们入学以后很快能够适应专业学习环境。

莱大沧桑

为了促进各学科的教学工作，各学科都成立了"学习委员会"。学习委员会由一些教授、负责教学的有关领导和学生代表组成。他们负责与学习有关的问题。

经过这样一些与教学有关的组织的努力，莱顿大学才能够在很短的时间内取得重要的收效。然而学业时间问题主要与做实验的专业有关，因为那时做实验用的药剂极不容易买到，抱怨学业时间持续太长不是1955年才发生的。1919年校长在他的退职演说中谈到这个问题时说：科学的发展导致了专业化，专业化引起了课程增多和学业时间的延长。

1945年以后，教学工作占去了教师们的大部分时间，使得他们从事科研工作的时间非常紧张，当时科研工作已经处在困难之中。第二次世界大战造成学校各项改革停滞不前，荷兰的科研工作者们已经与外界隔绝了整整5年。在这5年期间，世界的科学取得了惊人的进展。战争结束后，莱大的科研工作才迎头赶上世界先进水平。

例如，在开默林·昂尼斯物理实验室从事低温物理研究仍然占主要地位，科研人员对超导体提出了更多的有待解决的重要问题。通过现代化的辅助手段——电子学的应用，为低温物理研究又打开了新的领域。

在天文学方面，射电天文学获得了重要的地位，这就是说，射电天文学对宇宙的研究不是靠观察，也不是靠对天体光的分析，而是通过对来自太空"辐射射线"进行的研究。由于现代极其敏感的辐射技术的发展，天文学家才有可能从事射电天文学的研究工作。在另外一些情况下，可以完全不依靠实验室提供的可能性而提出一个新的问题去敲开尚未开拓的科学领域的大门。生物学中的解剖学和生理学在分析动物方面有很多相似的地方，它们研究动物各器官的结构和功能。由于这种类似的工作促进了动物习性学和生态学研究方向的发展，定量分析又对这两

莱
大
沧
桑

个学科的研究起着重要作用。

射电天文学望远镜

　　各种新专业和新的科研方向的发展不总是意味着在莱大内部的学科之间差别扩大，实际上许多新的研究方向拆除了过去隔在专业之间的障碍。数学方法在越来越多的领域得到应用。从数学角度看，理论物理、理论化学和理论植物学显示了它们的近亲关系。为了满足各学科在数学方面的需求，学校创建了一所用现代仪器装备的计算中心研究所。这个研究所不仅为数学与自然科学学院提供数学和统计方面的计算，也为心理学、社会学和其他学科服务。

　　生理化学、生物化学、生物物理学和生理生物化学等学科的出现，促使物理、化学和生物学建立了密切联系。现代化的天文学的相当一大部分几乎脱离开了物理学。这就是说，现代科学的发展使得许多学科有

莱大沧桑

分开的，也有合作的。

　　跨专业和跨学院的合作在莱顿大学文科发展史上就曾有过。注释《旧约》和《新约》的工作一直没有离开过对古希腊语和希伯莱语的研究和对古代文化史的研究。研究教会史和法律史在许多情况下都要借助于同样的基础语言知识，而且它们也是文学院文学史研究的对象。

　　在有关的医学专业方面，人们也可以看到同样的情况。医学研究已经打破了作为解剖学的形态学专业与作为生理学功能专业之间的界限。生物化学家在工作中可以通过电子显微镜得到精确的形态学方面的资料，形态学家越来越多地应用组织发生学化学技术获得对他研究的细胞组织组合的见解。在培育细胞组织时，人们既从形态学角度、也从生物化学角度对被培育物进行研究。

莱大沧桑

莱顿大学

莱大对人体基本问题的研究也跨出了学院之间的界线。数学与自然科学学院的遗传学和生物化学研究与医学院的人类起源和发展学以及辐射遗传学进行广泛的合作。生理化学家利用分析化学的方法从事动脉中血脂增加的形式的研究，临床学科的儿科医学是各种不同的预备教育人员之间合作的典范。除了普通儿科医生在为此工作外，还有一名儿童心脏病学专家、一名化学家、一名社会学家、一名心理学家和一名精神病医科医生。

颇有前途的新发展的领域几乎都是生存在介于两个专业化的学科之间，同时吸收两种不同的思想方法，其中一方的观点可以给另一方以启示。在一个领域的发展会改变其他领域提出的问题，对此科研工作者又得尽可能快地做出解释。所有这一切，都扩大和促进了各个领域的专家们之间的联系。为了保证各学科间的合作，莱顿大学采取了两种办法：自从科学教育新法专业划分到中心混合专业学院以后，由哲学家们负责组织文科各学科的科研工作者的聚会和学术讨论会；理科方面促进各学科科学家、教师和学生之间的接触主要是纯物质方面的，例如提供资金、提供实验数据等等。

东方学研究在莱大占有一定地位。二战之前相当大的一部分学生学习印度尼西亚学或是印尼法是为了结业后到印尼工作或是经商。在 20 世纪 40 年代，当为这一目的而学习的学生消失以后，学习东方学的人数也就寥寥无几了。1950 年以后，东方学的学生人数突然回升，人们的兴趣不再完全集中在远东（尤其是印尼），对印度和非洲大陆的研究同样感兴趣。在不放弃莱顿大学的古代东方学的传统研究的情况下，人们开始重点从事研究现代东方世界所有地区的语言和文化。

人们对非西方国家的兴趣，不仅是在语言学、法律和社会学等方

莱
大
沧
桑

面，也包括自然科学领域。寄生虫实验室设有对中非地区寄生虫课题的研究，植物学家在国家植物标本室里收集了东南亚和马来西亚地区植物界的各种植物种类。

印度尼西亚风光

1950 年以后，莱顿大学对非西方国家的研究给予了极大重视，主要是考虑到实际需要和科学研究，它的深远意义就在于促进了非西方世界与欧洲之间的各种文化交往。另外，通过与非西方世界的比较，也促进了专家们对西方本身的文化、经济、社会、医学等等问题的更深入的研究。莱顿大学聚集着一批杰出的东方语言、文化和非洲语言、文化问题的专家，他们为增进荷兰与非西方国家之间的了解和交往作出了重要的贡献。

莱大沧桑

新世纪莱大风采

　　今日的莱顿大学仍站在现代科学与高技术发展的前沿。现在莱顿大学已在全球多所研究机构中占有了非常重要的地位，所涉及的研究领域涵盖了自然科学、医学、社会行为学及文学等。

莱顿大学风景

　　莱顿大学治学严谨、研究水平极高，历史上曾五次获得诺贝尔奖。到目前为止，莱大已参与了全球超过 40 个国家学术机构的相关研究，

莱大沧桑

并与全球多所一流大学达成合作。莱顿大学研究员同其他顶级学院研究员建立了紧密的联系，同时频繁地进行学术间互访及交流。

今日的莱顿大学拥有许多高质量、先进的教学设施，为大学的教学和科研的发展奠定了雄厚的物质基础。莱顿大学图书馆现藏有图书和报刊300万册，是荷兰最大的图书馆之一，集中收藏了各地的中文图书，因而也使其藏书量居欧洲各国中文图书馆中的第一位。它还通过计算机网络与世界上一些重要的大学图书馆相连，图书馆内收藏有许多古老手稿和地图的孤本、珍本图书和精美的绘画。该校也是荷兰唯一设有中文专业的大学。

莱顿大学有九个联合研究所，RHB（Rijksherbarium/Hortus Botanicus）是世界上10个最大的植物分类学研究所之一，在鉴定马来西亚变异植物的研究方面居于世界领先水平，大学植物园和国家植物标本室里收集有许多木本和草本植物的标本。莱顿大学还有一个与其联系密切的工业生物科学园区。莱顿大学的研究几乎涉及了当今所有的科学领域，从对早期宇宙的研究到生物技术，从亚洲和非洲的文化与语言到社会心理学方面的研究，从超导到大学医院里的免疫反应和器官移植，7000多名教职员工在这里辛勤地工作着，使得莱顿大学的自然科学、医学以及人文科学在国际上都享有很高的声誉。据欧洲委员会最新的统计数据表明，莱顿大学与牛津大学和剑桥大学一起，雄踞于欧盟学术机构之前列。

现在的莱顿大学设有8个系，神学系、法律系、医学系、数学和自然科学系、文学系、社会科学系、哲学系、史前学和史前人类学系。自然科学、医学以及人文科学都有很高的国际声誉，其中在免疫学、社会心理学、植物分类学研究以及印尼语言文学等方面声誉很高。

莱顿大学城

　　提起荷兰，人们可能首先会想到那里 40 公里长的拦海大坝，绿草地上成群的黑白花奶牛、随处可见不停转动的大风车和一片片颜色各异的美丽的郁金香。在荷兰这个欧洲较小的国家之中有一个一般世界地图上找不到，但却闻名全球的小城——莱顿。

莱顿小镇风光

　　莱顿是一座风景优美的小城，位于荷兰首都阿姆斯特丹市和海牙市之间的古莱茵河畔，与鹿特丹市、乌特勒支市相毗邻，公共交通极为便利。莱顿的四周是娱乐休闲的好去处，距莱顿以西八英里的北海，有着风景优美的海滨和沙滩，是人们度假的胜地，它们大部分都在海平面以

莱
大
沧
桑

下，夏天这里热闹非凡。莱顿的东北部有许多大湖，是航海、扬帆和划船的好地方，天气足够冷时，这里还可以滑冰。

莱顿的全市面积只有 23 平方公里，人口只有 11.6 万。它之所以出名，并不是因为它是一个风景秀丽的度假胜地，也不是因为在 13 世纪这里兴起了欧洲最早的纺织、冶金和印刷等工业、并一度是欧洲的纺织工业的中心，而是因为这里有一所世界著名的高等学府——莱顿大学。

莱大沧桑

宁静的莱顿小镇

莱顿大学的 130 多座建筑设施，分布在莱顿市的各个角落。大学建筑的主要部分在这座历史名城的中心或中心附近，大学办公楼和信息中心大楼位于莱顿中心火车站东侧，大学图书馆"杜伦"建筑群（文科）位于市中心南侧风景秀丽的护城河畔，豪莱斯实验室（化学和医学）、惠更斯实验室（生物物理、天文和天文物理）、计算中心研究所、数学研究所、医学院及附属医院和各种生物化学实验室分布在西城区，以荷兰著名物理学家、现代超导研究奠基人命名的开默林·昂尼斯实验室坐落在市中心。

这些建筑设施为莱顿市容增添光彩，使莱顿赢得"大学城"的美名。因为莱顿大学与莱顿市融为一体，大批在这座历史名城中居住和学习的学生深深地影响了莱顿的生活。

在莱顿还有众多的博物馆，如国家古代风俗博物馆和人类文化学博物馆等。莱顿大学植物园是欧洲最古老的植物园之一。

著名物理学家洛伦兹曾在这里求学。爱因斯坦在这里担任了26年的客座教授，这里有世界上第一座低温物理实验室，拥有顶级的医学研究中心，诞生出了世界上第一台心电图仪器。

底蕴深厚的学科

当人们回顾莱大400多年发展史的时候，对莱大过去所做的一切感到满意：语言学是莱顿大学传统的著名学科，它为莱大的繁荣和发展奠定了基础；法学正

爱因斯坦

处在蒸蒸日上的时期；在布尔哈劳、赫拉菲山德和惠更斯等的努力下，医学和物理学学科的发展，已经达到他们那个时代的顶峰；以保夫为代

莱 大 沧 桑

表所开创的解剖学和其他新学科的研究，也取得了喜人的进展。

1765 年出版的法国百科全书中写着这样一句话："莱顿大学是欧洲第一流的大学。"

莱顿大学的主要科目发展：

1. 法学

莱顿大学法学研究的发展虽不像医学和自然科学那样明显，但同样受到重视。

直到 18 世纪，莱大法学的研究重点仍然放在古代罗马法上。研究古罗马法典的词义，一直是法学院的教学基础，罗马法对当时的荷兰法律事务起过非常重要的作用。人们用罗马法分析一般性的司法条例，在罗马法典中找到智慧和对法律事务的微妙的表述方法。

当法学家们把罗马法运用自如以后，就开始走自己的路。法学院逐渐增设现代法、领地法（亦称封建法）和公共法等课程，哲学院也增设了国家学课程。

1637 年，马斯特迪成为莱大新开设的领地法的助理教授，1639 年升任为教授。在他离任以后，领地法课停开了几年。1659 年，学监们聘请鲁西继承领地法的授课任务。在鲁西以后，领地法课就因后继无人而不得不停开了。

现代法进入莱顿大学法学院的讲坛，始于 1688 年福特讲授罗马法与现代法的区别。稍后福特开了一门新的法学课程——法律事务课。莱大法学教授芬尼为福特的课编写了一部包罗万象的法学原理巨著《评法庭的形式主义》，书中探讨了奴隶时代罗马法的纯"形式主义"问题，也探讨了当时法庭正在使用的现代法。芬尼的同事布西，早在 17 世纪初就完成了一部类似的法学著作。这些著作鼓吹一种思想：法学研究和

莱
大
沧
桑

教学不能一味地厚古薄今，应该同现今法院的法律事务结合起来。福特接受了这一思想，他在教学中重视现代法的研究和传授。

莱顿大学

17世纪末和18世纪初，荷兰出现了一个"荷兰法学家高雅学派"，诺特和史胡勒廷是这一学派在莱大的两位突出代表。他们在研究罗马法时，不仅仅限于研究实际应用的部分，而且也研究从法学家角度认为重要的部分。

利普西斯在莱顿大学创建了政治学专业。在政治学课上，人们常常谈论塔西陀和其他一些古代作家，以及罗马史和一些政治问题。除了课程表上安排的正式课以外，还有附加的一些政治学课。政治学教授包克斯荷尔尼，既教过雄辩课，也教过历史课。1635年，出版了他的《象征性政治》一书。他死后，还出版了他的《公共社团政治》一书。

利普西斯的政治学完全建立在古代学说的基础上，他的政治学后来

莱大沧桑

又被改革成公共法。"文雅学派"的法学家们一直注意的古代法律和法典，后来也被搞法律事务的法学家们放弃了。这就是说，古代文化的黄金时代在莱大法学院已经过去了。

1639 年，迪西获准讲授公共法课。1653 年，他成为雄辩课教授。1663 年，他又成为公共法课的教授。1665 年他死后，法学家油恩继任公共法课教授，至此时公共法专业才被法学院正式接纳。

乌特勒支大学图书馆

1671 年，公共法课由德国法学家布克勒曼担任。让一位德国教授讲这门课，主要因为当时公共法课只是为在莱顿大学留学的德国人和奥地利人开设的。除了公共法课，还为他们开设自然法课和德国法课。1682 年，布克勒曼的工作由另外一位德国人菲特里雅吕接替，接着是他自己的儿子小菲特里雅吕继任。小菲特里雅吕之后，又来了位叫维斯的瑞士人。维斯开展的是完全现代化的教学任务：他除了必须上自然法课和国际法课，也要做有关贵族教育和德国国家法的报告。这几门课仍然是为德国和奥地利学生设立的。当时，在莱大没有开设荷兰法课。谁想学习荷兰法，得到福兰内克大学跟德国教授特劳茨学。1755 年后，乌特勒支大学也设立了荷兰法课。直到了 1763 年，莱顿大学才有了荷兰法专业，第一任教师是维斯的学生派斯斯特（德国人）。

在两次世界大战之间，莱大又一次出现了学科与学科之间的合作现象：法学家们又重新与古代学家们共同合作。1933 年有一位德国人不得不离开希特勒德国，到莱顿定居。1935 年他为莱大组建了莎草纸文化研究所。1900 年前后，人们在埃及发现了无数张带有文字的莎草纸，这一发现给古代学研究提供了新的历史资料。这批莎草纸文献中有许多属于法律方面的珍贵资料，它们再现了古埃及人的日常法律事务。在莎草纸文化研究中，人们把主要注意力集中在古代学家和法学家合作进行研究的比较法律史学方面。

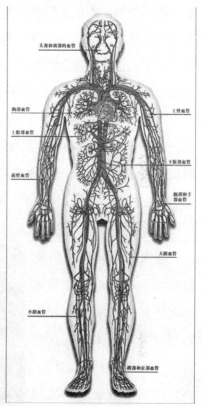

血液循环系统

　　20 世纪中叶，麦业斯是莱大法学院的带头人，他同时从事法律史、国际司法和荷兰民法等几项研究工作。由于他出众的才华和具有丰富的法律知识，1947 年参加了荷兰新民法的起草工作。他的存在使莱大的法学研究保持优势。

　　2. 医学与自然科学

　　17 世纪前半叶，莱顿大学的医学教育发展得很快。继保夫之后，法尔高布修斯也进行了解剖学的研究。瓦勒通过对动物进行实验证实了哈尔菲的血液循环理论。西勒福是位杰出的医学家，他思想解放，喜欢探索。他以极高的热情和利用自己在化学方面取得的研究成果完善生理学和治疗学方面的理论，而且取得了成

莱大沧桑

功。他发现，当渗入酸性乳糜的血液在心脏同含有碱性胆汁的血液相遇时，人的体温会升高。他用碱性液体抵抗酸性液体引起的疾病，又用酸性液体战胜碱性液体引起的疾病。除此之外，他还发现唾液的消化功能。当西勒福刚刚成为莱顿大学教授时，他的同事林顿就对他的论点作了否定。林顿之所以坚决反对西勒福的观点，是因为他只信奉希波克拉蒂，而不相信化学所起的作用，就连学监们也显然不希望以西勒福的观点来统治莱顿大学医学院。1664 年，林顿去世后，学监们任命格罗宁根市的杜兴修斯教授为他的继承人。虽然杜兴修斯和西勒福的观点不一致，西勒福一度宣布要离开莱顿大学，可是杜兴修斯不但没有停止他和西勒福的学术辩论，而且还建议校方挽留住了西勒福。1672 年，西勒福去世。此后，"研究化学派"在莱顿大学暂时消失，西勒福的追随者都没有返回莱顿大学医学院。

莱大沧桑

与西勒福同属"研究化学派"的解剖学先行者豪尔纳和他的学生斯瓦莫达姆以及赫拉夫等，在离开莱顿大学以后，在代尔夫特市从事解剖学和生理学的研究工作。在他们的影响下，代尔夫特市的略文胡克发现使用显微镜可以更好地解决观察的困难。豪尔纳和赫拉夫等人发现了通过注射使解剖标本长

解剖标本

期保存在透明的容器中的可能性。后来，在莱顿大学工作的尼克完善了上述过程。豪尔纳、赫拉夫、略文胡克和尼克通过对卵子和精子的研究，对人类生殖的认识做出了重大贡献。18世纪后半叶，J. J. 劳和阿勒毕尼以他们非凡的才干完成了一批出色的解剖标本。这批标本保存至今，一直受到人们的高度评价。

哲学家科兰内被任命接替西勒福为医学教授（因为他也是医学博士）。但是，由于德雷林高尔特思想极端保守，1680年左右，莱顿大学的医学教育陷入困境，颇有思想的科兰内和极端保守派德雷林高尔特之间的关系极其紧张。造成两人关系紧张的原因不仅仅是因为他们之间的辩论，还有其他因素，例如财务纠纷等等。1678年，校评议会抱怨解剖教学极为糟糕，教授做解剖连动物尸体都很难弄到。由于圣·卡西里雅医院的管理者为了节省开支，只接收少许病人，致使临床实践课时减少。1681年，为了压缩开支，还减少了医生和给实习学生上课的外科医生的年薪。1680—1683年，临床实习课几乎完全停顿。直到1690年，临床课才又恢复过来。

西勒福和科兰内虽然没有保守思想，但他们搞的是推理理论，后来凭经验和实验的研究方法取代了他们依靠推理理论的研究方法。可是，从下面两个人的就职演说的标题中，人们还可以听到西勒福时代的回音：1692年，彼特凯尔纳做了"医学要完全从哲学的束缚中解放出来"的演讲——从这篇演讲里人们可以看到科兰内思想的影子。1718年，布尔哈维做了"关于从误解中解脱出来的化学"的演讲，他的这篇报告发展了西勒福的理论。

莱顿大学创建之初教授自然学科使用的教材，主要以古代作家的作品为主。按照那时的科学发展水平，人们还是可以从中学习到很多有益

莱大沧桑

的知识。莱顿大学的学者们借助于古代知识进行自己的科学研究，就像今天的科学工作者须借鉴前辈科学家的研究成果一样。莱顿的学者师古而不泥古，他们善于继承前人的科学成果，也敢于突破前人的某些定论和偏见，有所发现，有所发明，有所建树，有所创造。17世纪的解剖学家保夫和18世纪的医学家布尔哈维是把古代科学知识与自身研究紧密相结合的典范。

希波克拉底

1703年，布尔哈维开始致力于医学研究。他首先研究了数学、力学、静力学和化学，并利用活猴作解剖试验，为从事人体解剖学研究打下了基础。同时，他也钻研了古希腊医学家希波克拉底（约前460—前377年）的著作，从中学习和汲取希波克拉底对病人的深入观察和他认为人体由血液、粘液、黄胆、黑胆四种"体液"组成这一学说中的科学成分。布尔哈维利用在动物身上做的病理解剖和实验补充了希波克拉底的研究成果。

布尔哈维在18世纪初成功地进行了各种流体的合成，取得了丰硕

莱大沧桑

的医学科学成果。希波克拉底的智慧、菲沙吕晚期较新的解剖学和生理学研究，物理学和化学的成果为布尔哈维取得的成功铺平了道路。虽然他一生没有什么特别的重大发现，但是人们却称他为"欧洲教育大师"，这主要是因为他对各门学科都具有广博的知识。他除教课外，还自己动手做科学研究工作，而且极其重视临床实践课。由于他的真才实学和名望，欧洲各国学生都慕名涌向莱顿，拜他为师。仅 1737 年一年中，就有 37 名荷兰人、23 名英国人、5 名苏格兰人、3 名爱尔兰人、10 名德国人、3 名瑞典人、1 名丹麦人、2 名俄国人、2 名瑞士人、1 名

维也纳大学一景

法国人和 1 名希腊人听他的课。他编写的医学教材和化学课本，被欧洲各国大学所采用。他的弟子们还在维也纳大学、格廷根大学和爱丁堡大学继承了他的临床教学方法。他的学生斯威腾，按照莱顿大学的模式对维也纳大学的医学教学进行了全面的改革。柏林当时还没有大学，但有一家名叫夏里特的大医院做为医学中心。在那里人们也是按照布尔哈维的教学法进行教学，有的甚至在书中写到："夏里特的历史是模仿荷兰

莱大沧桑

医学学校的历史。"格廷根大学的哈勒和爱丁堡大学的路德佛尔特与莫罗也采取了布尔哈维的教学法进行教学。

布尔哈维不但是医学教授，也是植物学和化学教授。自从 1587 年莱顿大学植物园建成后，一直都由一位医学院的教授负责管理，并负责讲授植物课，植物园内的植物品种数量从 17 世纪的 1700 多种增加到 1710 年的 3700 多种。布尔哈维接受了植物园的领导工作以后，仅仅经过 10 年就把植物园的植物品种增加到了 5840 种。从这个数字上，人们就可以看出布尔哈维的工作能力。

化学与植物学一样，跟医学研究息息相关。自从西勒福进入莱顿以后，莱顿大学才开始有了开设化学课程的需要。1665 年，在辩证法、伦理学和国家学领域享有盛名的哲学家豪尔尼看到了开设化学课程的重要性，他呼吁学校应该对化学研究给予重视。此时学监们终于醒悟到，化学研究对医学院的必要性。1669 年，莱顿大学医学院设立了供教学和科研之用的化学实验室。德马迪出任实验室的领导，他一直赞同西勒福的观点。三年后，莫尔特在莱顿建立了一所私人化学实验室，他却反对西勒福的观点，他跟德马迪的关系因此闹得很僵。他倾向于接受德斯卡尔特关于"物质运动"的学说，并试图用"物质运动"学说解释化学现象。德马迪死后，由莫尔特领导莱顿大学化学实验室的工作。可是，学监们没有给他教授头衔和工资。几年以后，他一气之下放弃了在莱大工作，致使莱顿大学的化学课停顿了两年之久。经过学监们向莫尔特做了解释，并且向他许诺，尽快解决他的问题，莫尔特才又恢复了他的教学工作。过后，他又罢了几次教，才在 1702 年正式当上教授。莫尔特的任命拖延如此之久的原因是：除了缺少资金，更重要的是学监们对莫尔特的教学有看法，因为他在教学中常常带有笛卡尔哲学思想，以

莱大沧桑

及他毫不掩饰地反对那些不赞同自己意见的人。而且，他还采用哈尔菲、伯依勒和其他一些学者较新的发现做为他讲课的教材。

1704 年，布尔哈维根据学生们的请求个人开办化学课。他的学生大多是从莫尔特那儿吸引来的。布尔哈维以他的实验为基础，取得了化学领域的领导权，并且完全改变了依靠推测的化学理论和笛卡尔的哲学理论。他认为，植物学和化学教学要紧密地相互配合；并建议人们在夏季从事植物学工作，冬季从事化学工作。

莱大的自然科学课程除化学与植物学外，还有数学和物理课。数学专业

笛卡尔

包括的学科很多：天文学、光学、物理学（物理学的一部分也属于数学系教学范围）。斯耐吕（1580—1626 年），荷兰著名数学、物理学家，是荷兰著名的数学、语言学家鲁道尔夫之子，1613 年他继承父业。他的重大研究成果、以他的名字命名的斯耐吕光线折射定律，使他千古留名。他的学生高吕，是莱大阿拉伯语言学家和天文台的创建者，成为他的继承人。在莱顿大学初建时期，"Physica"（物理，这个字在当时的

含义与今天有些不同）属于哲学的一部分，因此"Physica"课的教授可以讲伦理课，伦理课教授也可以去上"Physica"课，有时还让医学教授来上"Physica"课。因为这几门学科，当时都是使用古希腊哲学家和科学家亚里士多德的著作作为讲义。

物理学的发展受到古代的亚里士多德和笛卡尔的哲学与进步的依靠实验从事科学研究的斗争的影响。但是，物理学的发展要比医学和化学的发展平静得多，主要因为笛卡尔在物理学方面的观点要比他的生理学、化学观点实用得多的缘故。到17世纪后半叶，物理学科主要运用亚里士多德的思想授课。

1670年，佛尔德任物理专业的教授后，莱大物理学研究开始进入一个新的时期。1682年，佛尔德同时从事数学教学工作。他看到了物理、数学两个专业之间相互促进的作用，并认识到数学对物理学的研究越来越重要。1675年，佛尔德创建了莱大第一个物理实验室。后来，他的学生们和继承者们在这所实验室里完成了许多卓有成效的科学实验和科研成果，布尔哈维就是其中的一个。开始时，佛尔德也是一位

亚里士多德塑像

笛卡尔派的信徒，但是后来随着他知识的增长和对事物认识的不断深化，他站到了笛卡尔派物理学观点的对立面。他十分欣赏牛顿的"数学

莱
大
沧
桑

的自然规律原理"。

与布尔哈维同时代的物理学家赫拉菲山德完全依照牛顿的观点从事工作：十分细心地做实验，并用数学演算实验结果。1720年，他跟机械师麦森布罗克一道制作了许多实验仪器，并且在一本教材中对此进行了描述。直到1810年，人们还仍然参阅他们制作的仪器图。

17世纪末叶和18世纪初叶，莱顿大学涌现出了一批杰出的科学家。除了前面提到的医学家布尔哈维、豪尔纳、赫拉夫和略文胡克外，还有物理学家惠更斯和麦森布罗克等。

惠更斯诞生于荷兰海牙，16岁就以优异的成绩考进了莱顿大学。大学毕业后，惠更斯出国访问，结识了牛顿以及和他一起创立微积分理论的莱布尼茨等科学泰斗。1656年，惠更斯根据伽利略摆的等时性原理，制成了第一座摆钟，并出版了《摆钟》一书，发表了《关于重力的起因》学术论文。惠更斯在物理学研究中最重要的贡献，是创立了光的波动学说，并于1690年提出了著名的"惠更斯原理"。由于惠更斯在物理学、数学和天文学的广泛领域都作出了杰出贡献，他先后被英国皇家学会和法国皇家科学院聘请为外国会员。他逝世后，他的全部遗著由荷兰科学院编成《惠更斯全集》22卷出版。

莱顿大学另一位物理学家麦森布罗克的贡献是于1746年发明"莱顿瓶"。莱顿瓶是一种最早的容电器，它为科学界提供了一种贮电的有效方法，为电学研究提供了一种实验手段。莱顿瓶一问世，英国物理学家考林森就寄了一只给美国费城的本杰明·富兰克林。在一个乌云密布的日子，富兰克林把一只风筝放上天空，风筝上系着一条金属丝，金属丝下端通入莱顿瓶中。当天空出现电闪雷鸣的时候，电荷顺着金属丝进入莱顿瓶，使其受到充电而得到电火花。这次利用莱顿瓶向天空引电的

莱
大
沧
桑

成功，导致富兰克林在 1760 年发明避雷针。

3. 语言学与东方学

由于其他学科的变化，也改变了古代语言学的地位。尤其在 16 世纪，人文学科给西欧人打开了眼界，从古代的文化宝库中挖掘出新的宝藏。古希腊和古罗马所提供的丰富的文化知识，大部分转化成了西欧文化不可分割的一部分。人们如果想继续前进，就必须迈开自己的脚去寻找新的出路。

1609 年，海恩西成为莱大最主要的古代语言学家。但是，作为学者，他赶不上他的老师史卡里格。1632 年，学监们又邀请沙勒马西到莱顿任教，答应给他提供和史卡里格所享受的一样优厚

富兰克林的风筝实验

待遇。沙勒马西在古代语言学方面的治学水平接近于史卡里格，但在其他学科方面则略逊一筹。

利普西斯时代是人文主义对莱大影响最大的时期。到了海恩西时代，古代文化的繁荣已接近尾声。海恩西做为古代语言学家，出版了一本加有他本人评论的亚里士多德诗集《诗歌艺术》，这是一部阐述有关诗歌艺术理论观点的著作。海恩西本人也发表了一部作品《悲剧体》，

莱　大　沧　桑

并在拉丁语诗歌创作中运用这些理论。海恩西的理论主要对使用本国语（当时，大多数诗人使用拉丁语）写诗的诗人有重大影响，他出版的亚里士多德的作品在法国和英国颇受戏剧家和戏剧评论家们的赏识。他的《低地德语诗歌》使用日耳曼语言特有的风采和韵律，在德国和斯堪的纳维亚国家颇有影响。

亚里士多德

海恩西作为古代语言学家，把手中的火把传给了用荷兰语写作的作家，这标志着人文主义时代的结束。在这以后，古代语言教育只算做各学科发展的共同遗产。继沙勒马西和海恩西之后，赫罗诺菲和彼里卓尼成为莱大优秀的古代语言学家。但是，古希腊语课已经不像从前那样受人重视。

起先，莱顿大学的数学家、物理学家和医学家不仅从古希腊人和罗马人那里，也从阿拉伯人那里寻找知识，因为阿拉伯文化也蕴藏着丰富的科学财富。18世纪，德国的阿拉伯语学家莱斯克（曾在莱大学习过）就认为，可以通过对阿拉伯语作品的研究丰富人们的数学、物理学和医学知识。后来，由于人们很快地探索到发展这几门学科的新路，阿拉伯语也就渐渐地失宠了。

18世纪，古代语言学和东方语言学的研究在荷兰又重新受到重视。

莱
大
沧
桑

在古代语言学研究方面，人们把研究重点放在古希腊文化上。人们从古希腊语的研究中再次看到了光辉灿烂的古代文化，并看到了罗马文明来源于古希腊文化。这次复兴在荷兰首先从法兰内克大学开始，那里一直保留着古希腊语教学课。海姆斯特豪依斯、法勒肯纳和伦肯尼，是莱顿大学这次古希腊文化复兴的杰出代表。人们在所谓的"海姆斯特豪依斯学派"中开始从事比较语言学的研究，而且这批古代语言学家在国际同行中间占据着显赫的地位。

苏伊士运河风光

在东方语言学研究方面斯古勒腾试图通过阿拉伯语、叙利亚语、迦勒底语（迦勒底是波斯湾沿岸的一个古代王国）和埃塞俄比亚语跟希伯莱语的相互比较增加自己的语言知识，以便用于他的旧约注释工作。后来，他的儿子接替了他的事业。

19 世纪下半叶苏伊士运河的通航，促进了荷兰同印度尼西亚和远

莱大沧桑

东各国的交往，也促进了莱顿大学的传统学科东方学进入新的发展阶段。

1851 年，莱顿大学设立了中文和日文专业，豪夫曼任莱顿大学首任中文、日文教授。19 世纪 60 年代，莱顿大学凯尔恩教授对普通语言学和东方语言学研究的广度及深度上都达到了新的尺度，并为荷兰的印度日耳曼语系比较语言学的研究奠定了基础。他是印尼语言学和古代日语语言学研究领域的开拓者。

1863 年，为印度培训官员的任务从代尔夫特转移到莱顿之后，莱大东方学的发展进入了前所未有的规模。1877 年，荷兰出现了一个独立的"印度问题研究会"。同年，该会合并到莱顿大学。从此，东方社会的所有问题都列入了莱大的研究课题。

斯诺克是凯尔恩和阿拉伯语言学家胡叶的学生，他通过研究阿拉伯语从事伊斯兰教的研究工作。1885 年，为了推进伊斯兰教的研究工作，斯诺克来到了伊斯兰教的圣地和伊斯兰文化中心麦加。他改名换姓，在麦加逗留了很久，他以一个穆斯林学者的身份同其他穆斯林学者进行交往。后来，他为了继续扩大自己的伊斯兰知识于 1889 年来到了印度尼西亚，在那里他很快就成为总督的顾问，同时他了解到了反荷兰统治的阿吉黑尔人斗争的历史背景。他发表的关于印尼文化和宗教问题的专题论文至今还保持着权威地位。1906 年，他接受了莱顿大学的聘请，成为阿拉伯语学教授。

斯诺克认为：信奉伊斯兰教的印度尼西亚人接受了穆罕默德法，人们通过对古兰经的研究可以了解到印度尼西亚的穆斯林教徒的公共生活。斯诺克后来又做了两个基本的修正：他一方面指出继续解释古代法学家有贡献的文献具有重大意义，以及在麦加研究"圣法"的印度尼

莱 大 沧 桑

西亚人对印尼本土的伊斯兰教徒有很大的影响；另一方面他注意到第一个伊斯兰"习惯法"仍然在印度尼西亚伊斯兰化了的地区继续存在。后来佛伦霍芬（莱大东方语言学教授）从法学角度继续研究了斯诺克的最后一个看法，并写了一本巨著《荷属东印度习惯法》（荷属东印度指的是印度尼西亚）。

麦加清真寺

佛伦霍芬不仅从事东方学研究，而且也在不断研究"习惯法"，并且竭力创建国际法律制度。在第二次世界大战前，他就开始为国际法律秩序进行辩护，他的许多想法都在国际联盟实现了。布克是佛伦霍芬的学生，1930年开始在莱大任教，他从事东方经济学研究工作。1910年他在佛伦霍芬的指导下发表的论文中指出，东方社会的经济结构和价值标准都与西方截然不同，对经济刺激的反映也不相同，因此一般的经济理论如果不加修改就生搬硬套在东方社会是不合适的。佛伦霍芬和布克

两人都希望人们要重视"习惯法"的独特性和要了解东方社会公共生活的本质。他俩是典型的莱顿大学印度尼西亚语言文化研究学派的代表：他们首先研究东方国家公共生活的利益，而不是西方经济和殖民大国的利益。

丰富的校园生活

1. 功能广泛的学生协会

莱顿大学校内有各种社交活动以活跃学生的课余生活。学生会在莱顿大学内有着举足轻重的地位。校内有 6 个学生协会、入会条件不同、它们的功能十分广泛：不仅为学生提供联谊机会，也提供学生参与戏剧、音乐、体育、歌舞等文娱活动的机会。

莱顿大学留学生协会为留学生提供参与社交活动及文化活动机会，留学生还可以选择一位本地生作为生活指导，以便遇到困难时能及时获得帮助。

另外，学校还不定期的提供校内兼职工作机会，学生可根据自己的情况申请相关职位。

2. 食宿和娱乐的多种选择

莱顿大学同其他大学一样是不设宿舍的。校国际办公室会提供多种房子供学生选择，学生可根据自己的意愿挑选。一般来说，学校周围风景宜人、环境舒适，所以多数学生都选择在学校周边居住。

莱顿大学的学生宿舍内都配有厨房，学生可以自己准备三餐。在校生也可以选择校食堂，学生协会、餐吧和小餐馆就餐，价格低廉（约3~6欧元）。

莱大沧桑

莱顿有许多学生俱乐部、体育馆、酒吧。大学还有自己的剧院，可提供学生多种不同的文艺课程，如戏剧、舞蹈、绘画、表演等，极大地丰富了学生的业余生活。

击 剑

学校体育中心设施齐备。有专业教师指导学生体育锻炼，当然，学生也可以自行练习。学生可在中心内进行近 30 个项目的体育锻炼，从足球、曲棍球、英式橄榄球、篮球到击剑、网球和举重等等。

莱大沧桑

莱 大 精 英

近代自然科学的开拓者——惠更斯

克里斯蒂安·惠更斯，于 1629 年 4 月 14 日诞生于荷兰海牙的一个富豪之家，1695 年 7 月 8 日卒于海牙，他是荷兰物理学家、天文学家、数学家。他是与牛顿同一时代的科学家，是历史上最著名的物理学家之一，他对力学的发展和光学的研究都有杰出的贡献，在数学和天文学方面也有卓越的成就，是近代自然科学的一位重要开拓者。

莱 大 精 英

成长历程

牛 顿

惠更斯的父亲康士旦丁·惠更斯出身于贵族，是一位杰出的诗人和外交家。他的荷兰语和拉丁语诗作扬名全国，在荷兰文学史上占有重要地位，如今他的诗作在荷兰高中学生的语文课本里还选进不少。他又是著名的作曲家，频频发表作曲，流传于世。他曾经当选过奥兰治王室王子威廉一世的秘书和外交官。母亲苏珊娜来自南方巴尔城，是一富商的女儿。惠更斯的祖父也曾为奥兰治王室成员服务多年，他非重视子孙在文学、艺术、外语和自然科学方面的素养以及政治与外交才能的教育与培养，可算得上一位在教育后代方面颇具远见卓识的祖辈了。在这样的家庭教育传统影响下，惠更斯兄弟俩和父亲两代人都受益匪浅。惠更斯从小就喜欢钻研学问，跟随父亲学习了数学和力学。

惠更斯

惠更斯在 8 岁时丧母，此后家务全由姑母操持。惠更斯与比他大一岁的胞兄小康士旦丁一同接受家教，由父亲和一两位家庭教师分工授以拉丁、希腊、法、意四种外语，以及算术、逻辑、地理、音乐等课程。14 岁时又跟斯坦倍恩先生学习数学。除此而外，他还热衷于学习和操作一些新的时尚实用技术，对这些新技术都表现得心灵手巧。在 13 岁时曾自制过一台车床，其父见到他既有数学思维的天资，又有灵巧的双手，得意万分，常在客人面前声称他是"我的阿基米德儿子"。

惠更斯父亲的学识才能闻名遐迩，而且乐于结交一些知名学者，如笛卡儿和默森等人。他曾数次邀请笛卡儿到家中，款待多日。笛卡儿见

菜大精英

到惠更斯在几何学上颇具天赋，印象甚深，便将自己在 1644 年出版的著作《哲学原理》一书赠送给他。惠更斯读后深感得益不浅，认为世间的万事万物尽收眼底，而且变得整整有条，无比清晰。笛卡儿的引导使他对数学的兴趣更加浓厚了。后来他的父亲还引导他重视默森的落体问题研究，这又使他从此对数学和力学的学习受到进一步的鼓舞。

1645 年 5 月惠更斯 16 岁，进入莱顿大学学习法律和数学。两年之后他又进了布雷达市新创建的奥兰治学院，继续攻读法学两年，而在课余仍坚持自习数学。到了 1649 年秋，他得到一次机会，作为荷兰使团中的一员走访丹麦，初次体验到实际的外交工作。

1650 年荷兰联省共和国的元首威廉第二去世，此后惠更斯家族的社会依靠势力大为疏失，惠更斯再要走进外交界以秉承父与祖之志显然无望了。但由于他处于富裕宽松的家庭和社会条件中，不急于谋职，于是便居家自学。他对于数学、力学、光学和机械制作一直情有独钟，同时对天文观测产生了浓厚兴趣。他一直相信自己今后可在创造发明的成功喜悦中经常取得精神上的满足。

摆　钟

莱大精英

1655 年，惠更斯获法学博士学位，随即访问巴黎，在那里开始了他重要的科学生涯。他在巴黎凭借父亲的名气、财产以及他本人的和蔼可亲与聪明机灵的气质，便轻易地进入上层社会圈中。在 1660 年第二次访问巴黎时，他又与早已在通信讨论数学问题中相知的帕斯卡面晤多次交谈。近几年来他本人在数学和物理学上频频发表创造性的论文，在磨制透镜镜片方法上和在改革望远镜结构上均有所创新，又由后两种创新而取得天文学上的新发现，更使他在欧洲荣获盛誉。1655 年他用改进后的望远镜首先发现了土星除环以外还伴有一颗卫星，次年他又认清了猎户星座中的星云原来是由一些恒星所组成的。他作为一名天文学者对于准确测量时间的强烈愿望，又促使他在 1656 年造出了人类历史上

莱布尼茨

第一架摆钟。这台钟用一个下垂的重力作为动力，经多个齿轮传动向单摆施以周期性的、瞬时的冲力，使摆不致因空气阻力和摩擦而停止摆动，同时摆的等时运动又调节着重锤的下降和指针的运动。惠更斯将制成的第一台"有摆落地座钟"献给了荷兰政府。这台钟的问世标志着人类进入了一个新的计时时代。1657年，惠更斯取得了摆钟的专利，1658 年，出版《钟表论》一书，对摆钟的结构作了说明。

1666 年惠更斯被正式聘任为法兰西科学院的一名筹建成员。他所得的年薪比其他所有成员都要高，此外还得到一套豪华住宅。从 1661 年到 1681 年的 20 年间，他一直住在巴黎，其间也有临时回到荷兰去，

莱大精英

或者到德国与著名数学家和哲学家莱布尼茨交往，他俩十分友好。惠更斯在巴黎的主要工作是忙于要在 1673 年出版他所著的《摆钟》一书。以后当法英两国联合侵犯荷兰之时，惠更斯竟向法王路易十四呈献此书以表颂扬和敬意，这事在荷兰人民当中一时怨责之声沸腾。尽管如此，他仍然留居巴黎。实际上他当时情愿留在法国的动机乃是想把他在英国所见到的创建伦敦皇家学会的情况与经验介绍给法国，促进法国科学事业的繁荣。他之所以要这样做也许由于在当时 17 世纪的西欧学术界中普遍存在着一种世界一家的思想，学者们不受国家之间重商主义者们的冷战与热战的干扰。他们所重视的乃是国际间的学术合作与交流，一切努力都是为了人类未来的光明前途。

惠更斯一直体弱多病，终生未婚，全身心献给科学事业。1681 年一场重病迫使惠更斯回到荷兰治疗。两年之后他的法国保护人，路易十四的主要顾问柯尔伯去世了，而路易十四的施政方向也更加反动，让新教徒取得某些自由的"南特诏书"也于 1685 年作废，这对他是不利的。这一切就阻止他再作返回巴黎的考虑，从而法国已经给过他的一些优厚待遇只得完全放弃了。在荷兰，惠更斯居住在靠近海牙市的霍夫卫克，那里有父母的家园，他可以安心养病，还可继续从事他的学术活动。1687 年他的父亲病逝，他自己的病情也已日渐严重。他在最后五年岁月中精神上全被孤独感和悲伤所控制，终于在 1695 年 7 月 8 日逝世，享年 67 岁。

学术贡献

惠更斯在出生之时，伽利略和笛卡儿是西方科学穹苍中的两颗耀眼

明星，他俩对于惠更斯一生的学术思想和工作有着非常大的影响。但是当惠更斯于1695年去世之时，尽管他在学术界的余辉尚存，因其处在光芒四射的牛顿近旁，在一般世人眼中便很快地显得暗淡无光了。不过，我们如果仔细审查惠更斯一生的学术工作和学术思想，以及他所处的时代背景和社会背景，便可深切地认识到他一生对科学工作所做的贡献。

在当时，惠更斯所受的教育基本上是先进的，他能学到阿基米德、伽利略和笛卡儿等名家的著作。他的父亲和老师们对笛卡儿思想极其崇敬的热情也深深影响着他的学术观点。

惠更斯是在16岁时跨进莱顿大学的，他的数学导师小范肖敦教授曾是笛卡儿的门生，他初次听到这样好的数学课就迷恋上这门课，并开始专注于数学达数年之久。在莱顿大学期间，惠更斯与其导师过往甚密。此时，西方科学家们已占有了古希腊先贤们几乎全部的数学知识，而且还在测角术和符号代数学方面有所超越。

阿基米德

而且代数学又被笛卡儿等人加以精简后对几何学发挥了新的作用，使得古希腊的分析方法发展成为较有效的形式，在笛卡儿和帕斯卡的钻研下发展成为今人所知的解析几何。学习阿基米德的新潮又引起测量问题的深入研究和普及，于是寻求曲线长度、曲面面积、曲线旋转体的面积与体积的计算法、曲线上一点的切线求法和极大极小值的求法等等都成了时新的数学问题。

惠更斯在青少年时期曾受过笛卡儿学术思想的吸引和启蒙，对他的影响不小，使他树立了数学上的笛卡儿主义旗帜，从而使得"笛卡儿主义"引进自然科学。然而惠更斯是一位在哲学上和宗教上并不遵从任何思想体系的人，他跟耶稣会会员们以及表

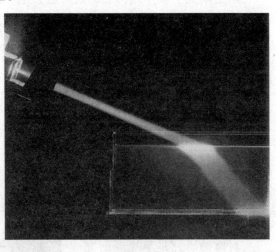

光的折射

现教条主义的笛卡儿信徒们都有过多次冲突。他认为笛卡儿尽管在学术上十分杰出，颇具风采，但是他的机械观点却反复犯有教条主义者的错误，笛卡儿总想向世人提供一套示范性的演绎式的科学教条。他的这种欲念着实胜过不少人，也包括莱布尼茨在内。因此在他看来，笛卡儿主义对于客观真实世界至多不过是一名宣传员或者说是吹鼓手而已。

在物理学方面，惠更斯对于笛卡儿的学术思想既非全盘否定，也非全盘继承，而是有选择地接受并且有所创新的，他的《论光》著作便是最好的说明。他的光波波面上每一点均可作为子波波源，而新的子波包络面又构成新的光波的设想，实现了笛卡儿要在机械观的基础上建立较为完善的光波理论。这也是笛卡儿早年研究光的本性工作的

莱大精英

继续和延伸，其中涉及折射的理论及其在透镜、望远镜与显微镜方面的应用，还创立了繁难而重要的球象差理论和创制成了惠更斯目镜等。

惠更斯到了晚年用自己的话写道，他不能接受笛卡儿在物理学和形而上学中的全部概念和思想。最使他耿耿于怀的实例有二：一是在他研究碰冲问题时发现笛卡儿的动量守恒定律若不把速度及动量作为方向量，只计及其大小，是不对的，不能成立的。二是他不相信笛卡儿认为物质的各种性质均可由其本性延伸出来的设想，他认为未必全如此。硬度这个概念就延伸不出来。除此以外，笛卡儿未能区分质量和重量这两个概念，而惠更斯从碰冲实验中认清了这两个概念。

在物理学上的主要贡献：

1. 摆的研究和运用

对摆的研究是惠更斯所完成的最出色的物理学工作。多少世纪以来，时间测量始终是摆在人类面前的一个难题。当时的计时装置诸如日规、沙漏等均不能在原理上保持精确。直到伽利略发现了摆的等时性，惠更斯将摆运用于计时器，人类才进入一个新的计时时代。

当时，惠更斯的兴趣集中在对天体的观察上，在实验中，他深刻体会到了精确计时的重要

伽利略

菜大精英

性，因而便致力于精确计时器的研究。当年伽利略曾经证明了单摆运动与物体在光滑斜面上的下滑运动相似，运动的状态与位置有关。惠更斯进一步确证了单摆振动的等时性并把它用于计时器上，制成了世界上第一架计时摆钟。这架摆钟由大小、形状不同的一些齿轮组成，利用重锤作单摆的摆锤，由于摆锤可以调节，计时就比较准确。在他随后出版的《摆钟》一书中，惠更斯详细地介绍了制作有摆自鸣钟的工艺，还分析了钟摆的摆动过程及特性，首次引进了"摆动中心"的概念。他指出，任一形状的物体在重力作用下绕一水平轴摆动时，可以将它的质量看成集中在悬挂点到重心之连线上的某一点，以将复杂形体的摆动简化为较简单的单摆运动来研究。

　　惠更斯在《摆钟》中还给出了他关于所谓的"离心力"的基本命题。他提出：一个作圆周运动的物体具有飞离中心的倾向，它向中心施加的离心力与速度的平方成正比，与运动半径成反比。这也是他对有关的伽利略摆动学说的扩充。

　　在研制摆钟时，惠更斯还进一步研究了单摆运动，他制作了一个秒摆（周期为 2 秒的单摆），导出了单摆的运动公式。在精确地取摆长为 3.0565 英尺时，他算出了重力加速度为 9.8 米/秒^2。这一数值与现在我们使用的数值是完全一致的。

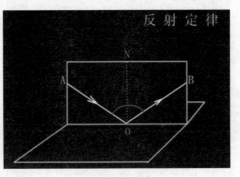

光的反射

　　后来，惠更斯和胡克还各自发现了螺旋式弹簧丝的振荡等时性，这为近代游丝怀表和手表的发明创造了条件。

2. 光的波动说

在古代和中世纪的漫长岁月里，光是哲学家和自然科学家十分关心的问题。到了 17 世纪，科学家们对光学现象进行了研究，他们通过出色的实验工作，奠定了近代物理学的基础。

惠更斯在巴黎工作期间曾致力于光学的研究。1678 年，他在法国科学院的一次演讲中公开反对了牛顿的光的微粒说。他说，如果光是微粒性的，那么光在交叉时就会因发生碰撞而改变方向。可当时人们并没有发现这现象，而且利用微粒说解释折射现象，将得到与实际相矛盾的结果。因此，惠更斯在 1690 年出版的《光论》一书中正式提出了光的波动说，建立了著名的惠更斯原理。在此原理基础上，他推倒出了光的反射和折射定律，圆满的解释了光速在光密介质中减小的原因，同时还解释了光进入冰洲石所产生的双折射现象，认为这是由于冰洲石分子微粒为椭圆形所致。

惠更斯原理是近代光学的一个重要基本理论。但它虽然可以预料光的衍射现象的存在，却不能对这些现象作出解释，也就是它可以确定光波的传播方向，而不能确定沿不同方向传播的振动的振幅。因此，惠更斯原理是人类对光学现象的一个近似的认识。直到后来，菲涅耳对惠更斯的光学理论作了发展和补充，创立了"惠更斯—菲涅耳原理"，才较好地解释了衍射现象，完成了光的波动说的全部理论。

3. 力学的研究

在力学方面的研究，惠更斯是以伽利略所创建的基础为出发点的。他继承了伽利略的单摆振动理论，并在此基础上进一步研究。他把几何学带进了力学领域，用令人钦佩的方法处理力学问题，得到了人们的充分肯定。在《摆钟》一书中还论述了关于碰撞的问题，全面细致地解

莱 大 精 英

决了完全弹性碰撞问题，证明了这种碰撞中同一方向上的动量保持不变，而且首次提出这种碰撞前后的 $\sum mv^2$ 守恒。他还通过对比船岸与岸上两人手中小球的碰撞情况的生动例子，阐明相对性原理也适用于碰撞现象。这是从特殊情况的碰撞出发首次利用相对性原理得出了守恒定律的结论。

在数学上的主要贡献：

惠更斯在数学上有出众的天才，最早取得成果的是数学，早在 22 岁时就发表过关于计算圆周长、椭圆弧及双曲线的著作。他对各种平面曲线，如悬链线、曳物线、对数螺线等都进行过研究，还在微积分方面有所成就，他发现悬链线与抛物线的区别。他是概率论的创始

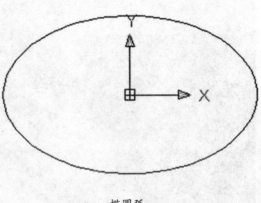

椭圆弧

人，1657 年发表的《论赌博中的计算》，就是一篇关于概率论的科学论文，显示了他在数学上的造诣。

在天文学上的主要贡献：

惠更斯在天文学方面有着很大的贡献。他把大量的精力放在了研制和改进光学仪器上。惠更斯 25 岁时就曾和他的哥哥一起以前所未有的精度成功地设计和磨制出了望远镜的透镜，进而改良了开普勒的望远镜。惠更斯利一用自己研制的望远镜进行了大量的天文观测。因此，他得到的报酬是解开了一个由来已久的天文学之谜。伽利略曾通过望远镜观察过土星，他发现了"土星有耳朵"，后来又发现了土星的"耳朵"

消失了。伽利略以后的科学家对此问题也进行过研究，但都未得要领。"土星怪现象"成为了天文学上的一个谜。当惠更斯将自己改良的望远镜对准这颗行星时，他发现了在土星的旁边有一个薄而平的圆环，而且它很倾向地球公转的轨道平面。伽利略发现的"土星耳朵"消失，是由于土星的环有时候看上去呈现线状。以后惠更斯又发现了土星的卫星——土卫六，并且还观测到了猎户座星云、火星极冠等。

土　星

　　惠更斯正是由于对新的自然现象和应用技术的兴致极浓，因此不断吸取新鲜科技知识，自己的创造才能也就不断地得以发挥。他在数学、力学、天文学、光学、仪器制造、音乐理论及乐器改良等诸多方面均热情问津，积极创造，收获丰硕，这自然是值得当时和后世广大学人所仰慕和学习的。

莱　大　精　英

最有建树的医学教育家——布尔哈维

布尔哈维，1668 年 12 月生于荷兰莱顿附近的伏尔渥特小镇，1738
年卒于莱顿，临床医学家、医学教育家。

古巴比伦文化

布尔哈维的父亲是一位博学的牧师，他希望儿子将来也成为一名牧师，从小培养布尔哈维学习拉丁语和希腊语，让他了解犹太人和古巴比伦人的文化。布尔哈维是个极聪明的孩子，不到 10 岁就已经能看懂拉丁文并且可以用拉丁文写作。不久以后还掌握了英语、法语、德语、荷兰语，而且可以看懂意大利文和西班牙文。1684 年，16 岁的布尔哈维进入荷兰著名学府——莱顿大学，学习伦理学、化学、植物学和医学。在学习期间，由于经济拮据，曾做过家庭教师。1690 年获得哲学博士学位。毕业之后，他仍继续学习医学。维萨里和法罗比奥的医学著作奠定了布尔哈维早期学习医学的基础，后来他又学习解剖，研究希波克拉底、西顿哈姆等著名医学家的临床著作。1693 年布尔哈维在哈德维克大学取得医学博士学位，他的博士论文主要讨论疾病状态下机体的排泄情况。学业完成后，他返回莱顿，行医济世。

1701 年布尔哈维被聘为莱顿大学的医学讲师，因授课得法，深得学生的喜爱，名气大增。1703 年格罗宁根大学聘请他前往任教，而莱顿大学不愿失此人才，竭力挽留。六年后即 1709 年布尔哈维升为教授。同年，莱顿大学的霍顿教授去世，布尔哈维接替他的工作，成为植物学教授兼管植物园，1710 年布尔哈维又讲授化学课。1727 年因为患了痛风，频繁发作，使他辞去植物学和化学教授，只担任临床教授直至1738 年逝世，享年 70 岁。

医学贡献

布尔哈维在哲学、化学、植物学、医学方面都很擅长，但是他在临床医学方面的贡献是最主要的。

近代西医学兴起于文艺复兴时代，16世纪主要是人体解剖学，17世纪主要是生理学，至18世纪初，医学家们仍只热衷于基础医学的研究，置病人于不顾，临床医学十分落后，更没有正规的临床医学教育。作为一位医学工作者布尔哈维深刻认识到这一弊端，于是他放弃了研究疾病的原因的打算，转向临床。

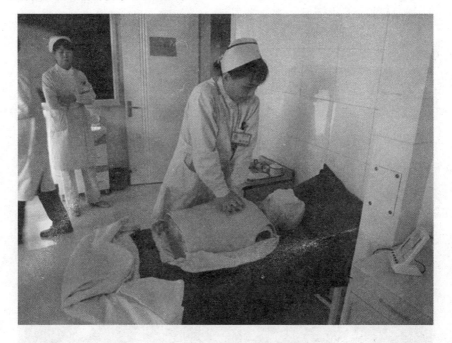

现代临床医学

1714年布尔哈维担任莱顿大学的内科学教授。他认为医生的首要任务是研究病人，理论只是为临床实践服务的，他一向主张医生应回到病人身边，因此反对脱离实际的空洞理论研究。

布尔哈维不仅是一位临床医学家，更是一位可敬的医学教育家。在他任教的医院内有两间病房，一间是男病房，另一间是女病房，每间病房有6张病床，供临床教学使用。当时全欧洲一半以上的医生曾在这

12 张病床前实习过。布尔哈维将病例详细地解释给学生，为帮助学生了解病人，掌握治疗，每次讲课时，他都结合病情向学生提出一些相关的问题，启发学生思考，提高他们解决问题的能力。对学生提出的问题，他总是耐心示教。由于待人谦逊随和，并且教学有方，因此在学生们独立工作以后，他们都不会忘记布尔哈维的教诲。凡是读过布尔哈维所著的《医学法典》和《疾病的诊断与治疗箴言》这两部书的人，都可体会到布尔哈维对临床教学是何等严谨。

意大利风光

布尔哈维要求医生接诊病人必须按一定程序进行。首先要详细记录病人的既往症状，然后记载病人的当前症状，推测诊断结果确定是哪个器官发病，以制定治疗程序并推测疾病的预后。这种临床教学方法后来传到意大利著名的巴丢阿大学，并推广到整个欧洲，成为以后西医临床

莱 大 精 英

的规范。

布尔哈维热忱为病人诊治疾病。他的学生著名生理学家舍勒曾记述：布尔哈维的诊室内常常有 10 多位病人等候，因为太忙，他已无暇出诊。早晨诊病常超过规定时间，所以演讲时间只得改在晚饭以前，其余时间用来写信和研究古希腊医家的著作。不过若有特殊的病人前来，他也会暂时终止研究。布尔哈维声名远扬，各地学生纷纷来听他讲课，使他成为当时欧洲最有名的临床医学家。

在医学理论方面，17 世纪末有物理医学派和化学医学派的争论，而布尔哈维的理解似乎是前两学派的折衷。布尔哈维企图用物理、化学、数学的定理来说明人体的生理功能和病理现象，在病理学上采纳固体病理学与液体病理学的学说。他还推崇希波克拉底自然治愈力的观点，主张适当的运动、饮食疗法及药物治疗。在临床医学上，布尔哈维还描写了食管裂孔疝、心脏扩大、胸膜炎、胸腔脂肪瘤，并认识到天花是一种传染性疾病。

布尔哈维留给后人的医学著作并不丰富，最主要的有两部，一部是《医学法典》（1708 年版），另一部是《疾病的诊断与治疗箴言》（1709年出版），这两部书以清晰简洁的写作风格与当时流行的冗长晦涩的医学文献相比，显得别具一格，曾被译成英、法、阿拉伯等文种出版，影响甚广。此外，还有《化学元素》，涉及有关化学、植物学、神经病、眼病、梅毒及教学法等论著。他还与莱顿大学教授阿尔拜那斯共同编辑出版过维萨里的著作。

布尔哈维是继盖仑、西顿哈姆以后，在临床医学上最有建树的西方临床医学家，对 18 世纪的医学生和年轻医生具有空前的吸引

莱大精英

力，使他所工作的莱顿大学成为医学研究的中心。他的坟墓设在圣彼得斯科克，附近立有他的纪念碑。为纪念这位伟大的医学家，荷兰政府把医学教授会大楼命名为布尔哈维楼，并在每年他的生日举行纪念活动。

莱
大
沧
桑

诺贝尔光芒

贫寒学子的自学路

　　范德瓦尔斯，荷兰著名物理学家。1837 年 11 月 23 日生于荷兰的莱顿，1873 年获莱顿大学博士学位，1877 年任阿姆斯特丹大学教授，1896 年至 1912 年任阿姆斯特丹科学院秘书长。

阿姆斯特丹大学

　　范德瓦尔斯父亲名叫雅各布·范德瓦尔斯，母亲名叫伊丽莎白·范

登伯格。他从小家境贫寒，父母勉强供他上了中学，本想让他把中学读完，但因经济困难，只好让他中途缀学，到一家印制厂当学徒工。当时他家离莱顿大学不远，每次下班回家途经校门外时，常使他驻足神往，他是多么渴望有上学深造的机会啊！但他不气馁，利用业余时间自学物理。为了给他提供实验场所，莱大的物理系领导人莱克教授力荐他进入莱大的实验室从事科学研究。1864 年，范德瓦尔斯成为德文特一所中学的教师。1866 年到海牙，先当该城一所中学的教师，后任该校校长。1872 年，在范德瓦尔斯 35 岁时发表了一篇《气体、液体连续性论》的文章，引起了各国物理学界的瞩目。第二年他以这篇论文取得了莱顿大学博士学位，立刻进入了第一流物理学家的行列。

1876 年荷兰颁布了新的高等教育法，将阿姆斯特丹古老的雅典语学院扩充成综合大学，范德瓦尔斯被任命为该校第一名物理学教授。他和同事范托夫、遗传学家体戈·德弗里斯使该校声誉大增。尽管各处向他发出盛情的邀请，但他一直忠实地留在该校，直到退休。

范德瓦尔斯在分子物理学方面，有卓越的贡献。1873 年，他建立了非理想气体的状态方程，即范德瓦尔斯方程。这是关于非理想气体的最简单、最基本的方程之一，具有很好的实用价值。而之前的波义耳—马略特定律，只在理想气体条件下才适用，在高压、低温情况下，与实际情况有很大的偏差。理想气体是一个近似的模型，它忽略了分子间的斥力和引力，因此内能仅是温度的函数。在通常条件下、利用理想气体模型处理实际问题，可以得到满意的结果，而且手续也大为简化。但是随着技术的发展，在许多重要领域内分子力已成为不可忽视的了，理想气体模型不再适用，建立非理想气体状态方程，已是十分必要的了。许多科学家在这一方面，作出了巨大的努力。范德瓦尔斯顺应科学技术发

展的需要，经过多年的刻苦研究，对理想气体的状态方程进行了多方面的修正，于1873年提出了范德瓦尔斯方程。范德瓦尔斯方程由于比较简单，又能指出气体有三相点，且能与在临界温度下可液化等性质相适合而受到广泛重视和应用。由于他在有关气态和液态方程的研究中作出了巨大贡献，而获得了1910年诺贝尔物理学奖金。

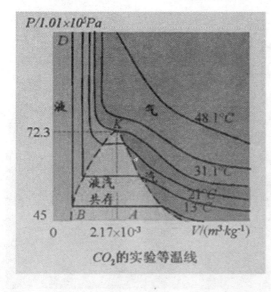

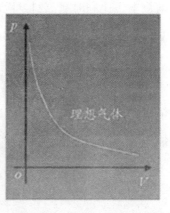

范德瓦尔斯方程

还应当提到范德瓦尔斯关于毛细现象的热力学理论，其基本形式是在1893年首次提出的。该理论认为，在液体和蒸气之间的边界层存在着密度的逐渐变化，尽管变化是很快的。这个观点和吉布斯的不同，吉布斯假设从液体到蒸气，密度是突变的。拉普拉斯早年建立了毛细现象的理论，范德瓦尔斯却认为分子永远在作高速运动。在临界温度附近所作的关于这个现象的实验支持了范德瓦尔斯的观点。

范德瓦尔斯对分子运动论的研究也有成效，范德瓦尔斯力就是研究中性分子（或中性原子）间随距离增大而迅速减小的吸引力。范德瓦尔斯在物理学其他方面的研究中，也有很大贡献。对于实验物理学研究也颇为善长。他的各种理论研究，多数是由自己实验证实而获得成效的。

特别应提到的是，范德瓦尔斯获得了许多荣誉。他是剑桥大学的荣誉博士、莫斯科帝国自然科学学会名誉会员、爱尔兰皇家科学院名誉院士、美国哲学协会名誉会员、法国研究院通讯院士、柏林皇家科学院通讯院士、比利时皇家科学院名誉院士、伦敦化学协会外籍会员、美国国家科学院外籍院士以及罗马科学院外籍院士。

1864 年，范德瓦尔斯同 A. M. 斯密特结婚，妻子早亡之后他没有再结婚，他们有三个女儿和一个儿子。大女儿玛黛莱茵在母亲去世后料理家务，照顾父亲；伊利莎白是历史教员和著名诗人；迪代莉卡是英语教师。儿子迪代里

剑桥大学

克在 1903—1908 年间担任格罗宁根大学物理学教授，后来继承父亲的职务，在阿姆斯特丹大学主持物理学讲座。

范德瓦尔斯的主要爱好是散步和朗诵，特别是在乡郊散步。1923 年 8 月 8 日他在阿姆斯特丹逝世。

挑战低温世界

海格·开默林·昂尼斯是低温物理学家，因制成液氦和发现超导现象于 1913 年获诺贝尔物理学奖。

海德堡大学

1853 年 9 月 21 日昂尼斯生在荷兰北部的格罗尼根一个古老的家族中。父亲哈尔姆·开默林·昂尼斯是砖厂的老板，母亲是一位建筑师的

女儿。他有两个弟弟，一个名叫 M. 开默林·昂尼斯，后来成为水彩画家；另一个叫 O. 开默林·昂尼斯，他在阿姆斯特丹任海外商业情报局局长时，曾帮助哥哥购买氦。海格·开默林·昂尼斯在故乡上到中学毕业，于 1870 年进入格罗尼根大学。大学毕业后，他在海德堡大学的本生和基尔霍夫手下学习了一年半。后来，他又回到格罗尼根，在 1878 年取得硕士学位。1879 年，他写了题为《地球运转的新证明》的学术论文，获得博士学位。在此期间，1878 年他到德尔夫特一所工业学校任助教。后来，他提升为教授以后，也还常常到这里来讲课。

诺
贝
尔
光
芒

昂尼斯很早就表现出丰富的科学才能。十八岁的时候，他在乌得勒支大学自然科学部主办的科学优等生考试中获得金质奖章。翌年，又在格罗尼根大学举办的科学优等生考试中获得银质奖章。在海德堡大学基尔霍夫门下学习时，他还被授予讨论奖，从而当上了助教。

昂尼斯在三十岁的时候已被任命为设在阿姆斯特丹的荷兰皇家科学院的院士。他还是哥本哈根、乌普萨拉、维也纳和格廷根

第一次世界大战

等科学院的院士，巴黎、罗马、莫斯科、伦敦等科学院或皇家学会的通讯院士。此外，他还拥有名誉会员、名誉教授及各地的勋爵、爵士、执行委员等数不胜数的名誉称号。

昂尼斯还尽力从事救济孤儿的活动。在第一次世界大战后国家之间相互对立的情况下，他为推进科学家们之间的文化学术交流克服了重重困难。昂尼斯没有所谓的个人兴趣爱好，他以进行科学研究为最大的乐趣，业余时间则在家庭享受天伦之乐。三十四岁时，昂尼斯与玛利亚·比埃尔贝尔特结婚。独生子阿尔巴特是海牙的高级公务员，地位颇高。昂尼斯本来身体就不怎么健壮，因偶感风寒，于 1926 年 2 月 21 日病逝。

在为他举行葬礼时还发生这样一段趣闻：送葬队伍从教会向墓地前进，研究所工作主任弗林和玻璃工主任凯斯林跟在灵车后面，葬礼似乎比原定计划拖长了一些时间，灵车和送葬队伍都不知不觉地加快了步伐，为的是按"计划"到达墓地。弗林向凯斯林说：

"这是我们先生的作法，至今他还在指挥着我们前进。"

液化氢气

著名的化学家安托万·拉瓦锡曾经作过这样的预言："通过冷却物质可以制造出过去想象不到的新液体，甚至空气也可以成为液体状态。"

一个世纪以后，氨、氯、乙烯等相继被人工液化，可是氧、氮、氢等气体的液化却难以实现，故这些气体被称为"永久性气体"。

1877 年圣诞节前夕，在巴黎科学院的一次会议上，刚刚被接纳为通讯院士的矿山工程师凯埃特发表了一篇论文。文中说：用三百个大气压压缩氧气，可以把它装入厚壁玻璃容器，并且冷却到零下二十九摄氏度以后，使之急剧膨胀，可得到氧气的液滴。可就在两天之前，即 12 月 22 日，科学院的秘书接到从日内瓦发来的电报说，"利奥尔·皮克泰特今天在某种条件下，把氧气液化了。"皮克泰特的方法与凯埃特的绝热膨胀的冷却方法不同，是至今被称为串级叠置的方法。

这一年的圣诞节前夕，发生了如此令人震惊的事件，两名科学家在同一时间里各自独立地、使用根本不同的方法取得了完全相同的结果。

下一个目标是氢气的液化。凯埃特、皮克泰特，还有波兰科学家伏罗布列夫斯基，都在朝这一目标前进，但是他们都失败了。时代在前进，整个科学的水平在提高，单靠灵机一动或在下午一段空间时间去进行实验，再也不可能取得成功了。

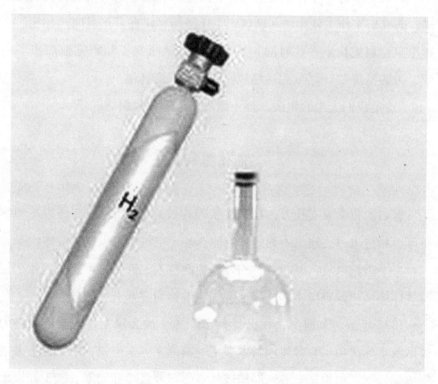

氢 气

首先实现氢气液化的是英国伦敦皇家研究所的詹姆斯·杜瓦，他在

1898 年 5 月 10 日得到了二十立方厘米沸腾的液态氢。第二年，又把它固化成功。

物质的温度没有上限而有下限。建议把物质的下限温度定为绝对零度的是开耳芬勋爵，故绝对零度也叫开氏温度（用度 K 来表示）。例如，水结冰的零摄氏度相当于二百七十三度 K（严格地说应为二百七十三点一五度 K）。液态氢在一个大气压下比绝对零度高二十度，即为二十 K。把液态氢减压至五十四厘米汞柱，则温度为十三点九五度 K，这时一部分液态氢就变成固态氢。因此，制造出固态氢的杜瓦相信自己已达到了绝对零度的最终阶段，不久他通过研究发现自己的结论错了。因为他知道，氦需要在更低的温度下才变成液态。

马六甲海峡

直到 1869 年，科学家们才证实了氦这种在整个液化史上首次出现的稀有元素的存在。这就是那年 8 月 18 日在印度和马六甲海峡观察全日蚀时，确认它存在于太阳的日冕中。然而，更令人惊讶的是 1895 年威廉·拉姆塞勋爵发现在沥青铀矿中存在着极微量的氦元素，由此问世的氦便成为对气体液化感兴趣的科学家们的新的进军目标。

1882 年，29 岁的昂尼斯被任命为莱顿大学物理学教授和物理实验室负责人。当时物理学正处在一个转变的时代，人们越来越重视物理实验。昂尼斯在担任莱顿大学物理实验室负责人后，就决定把研究低温物理作为主攻方向。要进行低温方面的实验，首先就要获得低温，而低温要靠液化气体获得，当时只有氢和氦还没有被液化。英国物理学家杜瓦从 1877 年开始研究，经过二十多年，于 1898 年液化了氢。昂尼斯领导的莱顿大学物理实验室为了满足低温研究的需要，于 1892—1894 年建成了大型的液化氧、氮和空气的工厂，1906 年可以大量生产液氢，为液化氦打下了坚实的基础。

但是氦在地球上的存在是微不足道的，因此发现得较晚。为了把氦液化，需要大量的纯氦，要弄到这些氦是大费周折的。杜瓦甚至感叹说不管多少，只要弄到这种气体就是万幸。昂尼斯得到在阿姆斯特丹任海外商业情报局局长的弟弟的帮助，以优厚的条件，搞到大量磷镧铈矿石，然后从中提取了氦。提取氦需要有耐性，昂尼斯不厌其烦地进行操作，终于得到了足够数量的氦：一百升必需量和一百六十升储备量。他就是这样稳步地为向液化氦这个目标发起"总攻"而作准备。

1908 年 7 月 10 日上午五时四十五分，一场要把氦液化的实验开始了。这一实验同时也就是要达到人类未曾达到过的极低温领域，实验首先从制造为预冷所需要的液态氢开始。下午一时三十分，二十升液态氢制造出来并被装入保温瓶中，氦液化的实验即将开始。实验是在荷兰北部莱顿市一个位于运河河畔的实验室里进行的。五十四岁的负责人开默林·昂尼斯教授站在隆隆作响的压缩机前面，实验在一分一秒地接近关键阶段。

《莱顿大学物理研究所通讯》杂志第一〇八号对当时实验的记录是这样写的：

由熟练的玻璃工凯塞林制作的这个装置的中心，由三层保温瓶构成。从外向里，依次装着液态空气、液态氮，最里层可装被液态氢冷却的液态氦。第一阶段预冷使用了前一天制作的七十五升液态空气，第二阶段的预冷使用液态氢，中心部位的温度降低到零下一百八十摄氏度。这一项接一项的操作是在值班主任弗里姆的指挥下干脆利索地完成的，因为在此之前，已经进行了多次预演。下午四时二十分，最后一个阶段——氦循环系统的运转开始了。

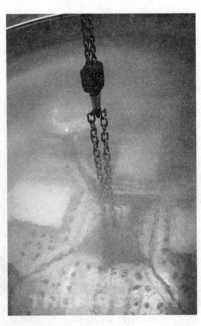

液态氦

贵重的氦由压缩机压缩，经过纯化器，首先由液态空气、继之由液态氢预冷，最后从焦耳—汤姆逊膨胀阀中流出来，一部分氦被液化，剩下的那部分又回到压缩机中，然后再重新循环。中心部位安装着气体温度计和电阻温度计。

实验的程序在进行。最初阶段，气体温度计的变化是缓慢的。从下午五时三十分左右起，气体温度计表明温度在下降，而且温度下降速度越来越快，人们都觉得胜利在望了。可是温度下降到六度，便突然停

诺贝尔光芒

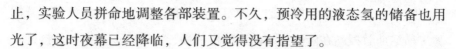

止，实验人员拼命地调整各部装置。不久，预冷用的液态氢的储备也用光了，这时夜幕已经降临，人们又觉得没有指望了。

昂尼斯的几个朋友来视察这次实验的情况。在场的舒莱尼麦卡教授无意地脱口而出：

"温度计达到一定的数值而不再下降，是不是因为已经全部变成液体了呢？"

说着他就用灯光从下面向上照，朝三层保温瓶中张望，使他吃惊的是他看到了液面，容器中心盛满了液体。在这激动人心的时刻，昂尼斯的另一位朋友克涅教授也观察到历史上第一次出现的液态氦，并且指出从外观上看，它和液态氢和液态氧完全相同。

下午八时三十分，液态氦还剩下十立方厘米。昂尼斯在取得这次巨大的成功之后，立即开始向下一个目标进军：他要把这种液态氦固化。他使用真空泵对液体减压，把温度降低到一点七度K，可是没有固化成功。在这个过程中，液态氦所剩无几，作业完全停顿下来。这时已到晚上九时四十分。

这次实验昂尼斯用如下一段话作结尾的：

"在这次实验和准备过程中，所用装置的能力都发挥到了极

昂尼斯

限，助手们也工作到精疲力尽。如果没有助手们这种忍耐和炽热的献身精神，就决不可能如此完美地达到实验程度的各个阶段，成功地实现向液氦的'挑战'。"

这一伟大的胜利在气体液化的比赛中是到达了终点。然而对于这次新被液化的氦所带来的使用极低温的物理学研究来说，却意味着一个新的出发点。

氦液化系统

在这之前，波兰的奥尔舍夫斯基在1893年把施加了一千四百个大气压的氧预冷到大约九十度K使之膨胀，但是未能液化成功。此后，杜瓦·拉姆塞和特拉巴斯等人都曾试验氢液化，结果也失败了。1905年，奥尔舍夫斯基再次进行氢液化实验，也未取得成功，而这次昂尼斯的试验终于成功了。他的成功似乎是命中注定的，因为奥尔舍夫斯基同

诺贝尔光芒

伏罗布列夫斯基的合作仅有六个月，因伏罗布列夫斯基死于一次实验事故，奥尔舍夫斯基处于孤军作战的境地。杜瓦在皇家研究所也是唱独角戏，而且缺乏最重要的实验材料——氦。拉姆塞虽然得到有才华的助手特拉巴斯的帮助，但他搞低温实验的经验不足。而昂尼斯这时建造的低温液化装置不仅规模大，而且性能优良，相比之下，其他三人的装置简直像玩具一般。

发现超导现象

金属的电阻问题是昂尼斯的另一个重要研究课题。当时对金属的电阻在绝对零度附近如何变化，有不同的说法，一种是柏林的内隆斯特的研究暗示：降低纯金属的温度，其电阻就减少，达到绝对零度时，其电阻变为零。另外还有人研究也预料：输送电流的电子随着温度的降低，会加强一种固定各原子的倾向。因此，当温度降低到绝对零度时，所有的电子都不运动了。其导电性能就消失，而电阻就增加到无限大。昂尼斯最初相信的是开尔文 1902 年提出的观点，即随着温度的降低，金属的电阻在达到一极小值后，会由于电子凝聚到金属原子上而变为无限大。昂尼斯由于掌握了液化氦的技术，因而具备了从实验上研究这一问题的条件。

1911 年 2 月，昂尼斯测量了金和铂在液氦温度下的电阻，他的实验结果是：随着温度降低，电阻开始是降低，最后停留在一定值上，而不是通过一极小值后再增大。接着他又使用纯金进行测定，发现金的电阻虽比白金更小，但仍然是停留在一定值上。因此他改变了原来的看法，而认为纯铂的电阻应在液氦温度下消失。于是，昂尼斯提出一个公

式：理想的纯金属的电阻在低温下逐渐减少，最后变为零。

为了检验他的看法，选择了汞作为实验对象，因为汞比其他金属容易提纯。实验结果出现了令人意想不到的奇特现象：汞的电阻不是一直随着温度降低逐渐减少，而是以大约四点二度 K 为界，突然"急剧"地变为零。

汞

1913 年，昂尼斯相继发表了几篇论文。其中一篇文章使用了"超导"一词。不过，就是在这个时候，他似乎仍然认为，这种现象是一般金属在极端情况下产生的电阻。而实际上，汞的电阻在某一温度以下突然变为零（消失），这种现象是汞（不久之后发现锡、铅也是如此）这种金属特有的性质，是与过去所知道的任何现象都几乎无关的新现象。

科学家们往往把观察到的事物与现象置于现有的理论体系中去考

察，因此当一种崭新的现象第一次出现在面前时，他们反而难以理解。超导现象就是一个很好的例子。随着测定次数的增加和有关的新现象逐一被揭示，昂尼斯才知道他的发现是何等的重大，因而感到极大的满足。

被忽视的超流动性现象

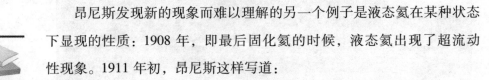

昂尼斯发现新的现象而难以理解的另一个例子是液态氦在某种状态下显现的性质：1908 年，即最后固化氦的时候，液态氦出现了超流动性现象。1911 年初，昂尼斯这样写道：

"液态氦的密度随温度的下降而增大。但从大约二点二度 K 开始，却令人吃惊地缩小了。"

这就是发现超流动性的第一个线索。在荣获诺贝尔奖的纪念演讲中，昂尼斯就此现象仅仅说了一句话，说这大概是由于量子效应。在低温现象中，他感兴趣的主要对象是电阻问题。1914 年，昂尼斯在波克斯的协助下，再次开始研究这个问题时，才认识到这个问题的重大意义。他同来自美国的客座研究员利奥·达纳合作，测定了蒸发热和比热。特别是后者的测定值，在二点三度 K 时突然增大，显示了无法测定的数值。他认为这种突如其来的数值不可能是真实的，而是由于装置发生故障出现的误差，于是他决定在 1926 年发表的论文中不谈及这一现象。在这篇文章印刷完了的时候，达纳回到美国，而昂尼斯已不在人世。

对于昂尼斯来说，固化液态氦是他液化氦成功以来的一个悬而未决的课题。液化成功的那天，他就作了尝试，后来又作过几次实验，都没有获得成功。据认为，1919 年美国政府赠送的三十立方米纯氦气体，给昂尼斯增添了很大的力量。这一年他再次向固态氦挑战，虽然到达了低于一度 K 的温度，但仍未固化成功。1920 年，他利用十六台兰米亚刚刚发明的强大真空泵（扩散泵）给液态氦减压，降低温度。第二年又改良了装置，把温度降低到零点八二度 K，但是在这种极低温状态下氦依然是液体，和昂尼斯以前观测的二点二度 K 附近出现的比热及密度的异常现象，显然暗示了这种液态氦具有独特的新性质。

真空泵

这时，莱顿大学的研究所已结束其作为先驱者的作用，关于液态氦所显示的这种特殊性质牛津大学、剑桥大学以及莫斯科大学等都在进行研究，而且研究日渐加深，数据越来越丰富。在昂尼斯死后几年，多伦多的麦克伦南等人第一次以论文的形式报告了液体氦所具有的性质——超流动性现象。所谓超流动性，是液态氦在二点二度 K 以下所显示的

性质——粘性等于零。因此，把超流动性的氦装入玻璃杯等容器，液态氦就在容器内壁形成一层薄膜，并且沿着容器内壁向上爬，最后溢出容器，呈现一种惊人的运动。

昂尼斯在液化氦成功以后的年月里，是会经常看到氦的这种超流动性现象的。由于这种现象是一种根据过去的知识无法想像的特异性质，故昂尼斯生前一直未能理解它的本质。

年轻的教授

历史悠久的莱顿大学于 1882 年任命 29 岁的开默林·昂尼斯为教授，接替退职的利凯教授。他就任教授的讲演

氦 气

题目是《物理学中定量研究的重要性》。其中谈到了他的座右铭："根据测量取得正确的知识。"当时的物理研究仅仅停留在定性研究上，大都缺少严密性。从他后来在进行研究上采取的态度和他取得的光辉成就来看，可以说他这次的就任演说是极富有启示性的。

就任教授后，昂尼斯根据自己制定的计划，改组了研究所，该所的研究活动是朝着荷兰两位伟大的理论家所指引的方向前进。第一位是洛伦兹，他所指示的是关于电磁学及光学的研究。洛伦兹是昂尼斯在格罗尼根大学时代的同班同学，自 1878 年以后，一直是莱顿大学的教授、物理专业教研室的副主任。第二位是范德瓦尔斯，他提出的是液体研究。范德瓦尔斯在 1873 年发表了题为《论气体和液体状态的连续性》

的论文，这篇论文提出了有名的"范德瓦尔斯的状态式"。由于这项研究，他在1910年被授予诺贝尔奖。对此感兴趣的昂尼斯在1881年发表了《溶液的一般论》的论文，其中从力学的观点探讨了范德尔状态式，正是这篇文章直接刺激了昂尼斯对低温的研究。范德瓦尔斯所阐述的原理认为，一切物质都将采取类似从气体变成液体时的那种运动方式。应用这一原理，可以预测把尚未实现液化的氦进行液化所需要的条件，问题就在于决定范德瓦尔斯的状态式中出现的两个常数。

昂尼斯也搞理论性的研究，但他本质上是一位实验家。他对利用科学装置的工程问题有一种敏锐感。此外，他还是第一位看到周密的计划和组织在取得实验成功上具有何等重要意义的科学家，因此他逐步增添了研究所的设备，扩充组织，而这又在很大程度上有赖于昂尼斯的高明的外交手腕。他的同事们不断地因增加新实验设备而被从办公室里"驱逐"出来，最后，连事务部门也不得不搬迁到另外的建筑物中去。

昂尼斯的长期计划之一是创办《莱顿大学物理研究所通讯》（1932年刊物名称又改为《开默林·昂尼斯研究所通讯》）。由于创办了这个刊物，从1885年开始，他在莱顿大学进行的主要研究活动就毫无遗漏地为全世界的科学家所了解。这些研究报告在其后数十年间一直像经典著作一样为人们所阅读，大大提高了昂尼斯和莱顿大学研究所的名望。

1894年年底，昂尼斯完成了液化氧气、氮气和空气所必需的大型装置。这些装置性能优良，从未发生过故障，可以高效率地运转，在三十年间，满足了研究所内越来越增大的对低温液体的需要。

可是，就在杜瓦实现了液化氢气之后，莱顿大学还没有制造出十分稳定的氢气液化装置。据认为，这是受到1896年发生的所谓"公害问题"事件的影响，当时有人以"公害问题"为由向内务部控告昂尼斯。在研究所昂尼斯教授使用大量氢气进行实验，而氢气有发生爆炸、伤害人体和建筑物的危险性，控告者要求昂尼斯立即停止进行这种实验。

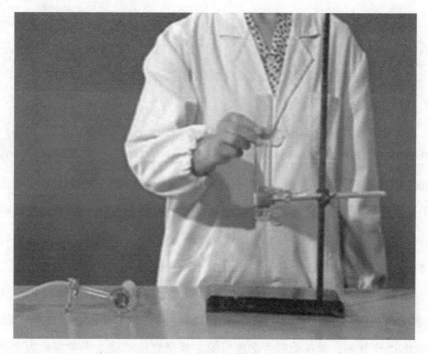

制取氢气

政府为此还组成了一个委员会研究这个问题，范德瓦尔斯也是这个委员会的成员。在作出结论之前，昂尼斯不得不停止实验。就在这个时候，在伦敦和克拉科夫，他的竞争对手们正在稳步地进行研究。杜瓦应昂尼斯的请求，作了"停止这项研究无论对国家、还是对整个科学来说，都将是很大的不幸"的证言。于是，在调查了可能发生的危险的程度和在进行研究时采取的安全措施之后，委员会有条件地作出了允许继续进行研究的结论。

据说，以后的来访者曾看到研究所走廊里到处都挂着斧头，这是为

在实验室内发生异常情况时破门窗而出所预备的工具。当然这在实际上能否起作用是令人怀疑的，也许这是为了提醒研究所内外的人们注意安全措施。

1906 年，也就是杜瓦第一次实现氢气液化后八年，昂尼斯才完成了氢气液化装置。这套装置性能优越，一小时可生产四升氢气。又经过两年奋斗，昂尼斯终于在 1908 年 7 月 10 日成功地液化了氦，为在液氦温度下研究物质的性质创造了条件。

研究所的楷模

昂尼斯的伟大之处固然在于作为一个科学家留下了辉煌业绩，而另一个尤其不可忽视的功绩是他创立了与真正意义上的科学研究所相称的研究组织。他具有外交手腕和组织才能，他创立的研究机构成为二十世纪研究所的楷模，首先是因为在这个研究所里有一种自由的空气。昂尼斯的人品与那种装腔作势的学者完全相反，他具有吸引人的魅力，因而能够得到技术高超、经过特别训练的助手们的献身精神的合作。现代科学的研究仅靠一两名科学家的努力是无济于事的，需要大规模的组织和设备，昂尼斯大概是第一个悟出这个道理的科学家。不仅如此，他还让合作者分享相应的荣誉。

昂尼斯还把优良的设备向世界上希望研究低温科学的科学家广为开放，并提供许多便利条件。在他荣获诺贝尔奖的纪念讲演时，他曾介绍了部分为搞研究而到他的研究所去的人，例如研究塞曼效应的贝克勒尔、研究霍尔效应的贝克曼夫妇、研究铀的居里夫妇、研究磁矩的韦斯……世界各国的学者或者带着自己独特的研究课题，或者同莱顿大学的

诺贝尔光芒

学者合作进行科学研究而访问了昂尼斯的研究所。

为发展研究所不可缺少的另一个条件是 1901 年昂尼斯在研究所内创立的"莱顿实验装置技工学校"，后来这所学校改变为法人组织。在这里经过训练的、能干的技术人员首先为莱顿大学的科学研究作出贡献，这是不言而喻的。此外，它还产生了更大的影响。后来，在世界各国的物理研究所里都有这所学校培养出来的技术

塞曼效应的实验装置

精湛的玻璃工和其他技术人员。荷兰兴起的电气工业也是参照了昂尼斯的这种方法，这个研究所发行的学术杂志《通讯》也为全世界的科学家所爱读。

由于这些原因，莱顿大学物理研究所成了当时科研机构人员朝拜的"圣地"，昂尼斯担任这个研究所所长一直到 1923 年。他逝世后，为了纪念他的伟业，1931 年研究所的名称改为"开默林·昂尼斯研究所"。其后建筑物虽然几经翻修，但昂尼斯第一次进行氢液化时使用的装置仍旧被保存在实验室里。由于昂尼斯对莱顿大学物理实验室的出色领导和管理，使该实验室成了本世纪初全世界低温研究的中心，至今还在低温科学研究领域保持着世界第一流的地位。

诺贝尔光芒

铸就经济计量的光彩人生

1910 年 8 月 28 日，库普曼出生于荷兰的格拉夫兰。他的父母都是教师，父亲是"圣经学校"校长，这为库普曼的成长创造了良好的条件。在库普曼幼年时，母亲望子成龙心切，而库普曼似乎天生懂事较早，于是小库普曼每天坐在母亲的膝盖上听他母亲讲故事。库普曼的母亲为他讲了许多著名科学家的故事，小库普曼知道了阿基米德、达芬奇、伽俐略、开普勒、牛顿和达尔文……当然，还讲了许多有趣的科学知识。来自母亲口中的故事和知识，犹如一把把钥匙，打开了小库普曼步入科学王国的大门。她不仅是库

开普勒

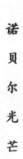

普曼的老师，还是库普曼忠实的游戏伙伴，她陪着儿子一起到池塘里游戏。在库普曼上小学以后，母亲在辅导他时，并不把灌输知识作为重点，而是启发孩子对科学的兴致，让孩子学会自己去发现问题，并掌握如何寻找答案和怎样学习的方法作为出发点。正是因他母亲这样悉心地培养，用心良苦，库普曼学习成绩非常优异，而且学习兴致不断高涨，学习知识的能力得到了不断地提高，为他以后从事研究工作起到了至关重要的作用，这里面，母亲的功劳有多大呀！1924 年，库普曼获得其双亲出生地荷兰弗里兰省威伯里塞拉弟的圣基尔特鲁斯林奖学金，它一直支持库普曼到 1936年完成全部学业，使他获得了探索不同领域知识的宝贵机会，也铺就了一条通往罗马之路。

丁伯根

　　1927 年库普曼进入乌特里特大学，前三年重点学习数学，尤其是数学分析和几何学，第四年学习兴趣发生了转移，转向了一个与实际生活较近，又能使数学得以运用的学科——理论物理学。他先后于 1932年和 1933 年，获得乌特里特大学物理学学士和数学硕士。1934 年 1 月，

他迁到阿姆斯特丹，聆听计量经济学之父丁伯根的讲演。为了将其数学训练应用到一个更接近人类事业的领域，库普曼再一次把自己研究的领域转向了经济学，这也许是一点源于丁伯根所感染的吧。

普林斯顿大学

丁伯根教授给了库普曼巨大的帮助和支持。库普曼学习了当时处于世界经济学研究前沿的瑞典学派几位代表人物的理论，并阅读了许多计量经济学和统计学的文献，这也极大地激发了库普曼经济学研究的决心。根据其知识背景，他选择了一个数理统计方面的题目，博士论文题为《经济时间序列的线性回归分析》。荷兰杰出的物理学家克来默是其论文导师，在经济理论方面丁伯根给予指导，1936 年 11 月库普曼获得莱顿大学授予的博士学位。在这段时期中，库普曼还为经济专业的学生讲授数学，在学生中结识了他的终生伴侣特露丝·万宁根，他们于

诺贝尔光芒

1936 年 10 月结为伉俪，婚后有三个孩子。

随后的两年中，由于丁伯根得到国际联盟财经组的工作职位，所以库普曼接替了他在鹿特丹经济学院的教学工作。1938 年他也被召唤到国际联盟财经组，在日内瓦编制英国的经济周期模型。直至第二次世界大战爆发，这项工作被迫停顿。

1940 年 6 月，库普曼携同妻子及幼儿一起前往美国。他首先在普林斯顿大学的公共和国际事务学院任副研究员，与此同时在纽约大学商学院兼任特约讲师。1941 年后转任宾州互助人寿保险公司的经济专员，1942 年任华盛顿联合海运协调委员会的统计专员。这一时间虽然短暂，但标志着他经济研究工作的开始，"他遇到一个空船最优路线问题。他按照线性规划模型写出这个问题。他处理这个问题时强调影子价格的重要性，而且他设计了一个模型求数值解的方法。"

1944 年，重新回到了经济研究部门的库普曼，加入了芝加哥大学的考尔斯经济学研究委员会，从此开始了经济学研究事业的辉煌时期。库普曼进入考尔斯委员会后，成为有关标准经济计量分析发展与评论的中心人物。在整个 20 世纪 30 年代，考尔斯委员会以数理经济研究中心而闻名。考尔斯委员会于 1932 年创立，最初的动机在于将数理方法运用在经济问题研究中，从而更好地预测股票市场行为。该委员会当时虽然研究人员年轻，但他们都提出了经济计量分析的核心理论。由库普曼主编《动态经济模型中的统计推理》，主要收集的是 1945 年于芝加哥大学召开的讨论会的学术论文。这本重要著作除序言和附录外分为三大部分，即联立方程技术、瘫间序列中的韶殊绞立，共疏的建立，共十九章，其中联立方程技术占全书篇幅近 80%，为全书的核心部分，库普曼本人亲自撰写了第 2、7、8 三章。1946 年，库普曼同升任为经济学

副教授，同年正式加入美国国籍。1948 年又升任为经济学教授，并兼任考尔斯研究委员会主任。在芝加哥大学工作期间，他的工作中心是编制经济计量模型。正是在这一时期，将运输模型的初步研究扩展为活动分析模型，这是他获得诺贝尔经济学奖的主要贡献之一。

1955 年由于考尔斯委员会迁移到耶鲁大学，库普曼也随迁到耶鲁大学。在耶鲁大学的最初阶段，他单独研究时间过程的最优分配。1961 年至 1967 年又重新被聘为考尔斯基金委员会主任，在这一时期他与另一位经济学家合作研究不同经济制度的描述和比较，并出版了其代表作《关于经济学现状的三篇论文》及论文《静态序数效用和无耐心》、《静态效用和时间展望》、《时间上的分布和"最优"总经济增长》、《经济增长和能耗尽的资源》等。

耶鲁大学校园景色

由于库普曼的工作卓有成效，因此他赢得了很大的荣誉。他本人于

诺贝尔光芒

1950 年被选为经济计量学会主席，1963 年获荷兰经济学院经济学名誉博士学位。1966 年，库普曼库普曼任美国经济学会副会长，并获得比利时天主教卢万大学经济学名誉博士学位，1975 年，库普曼被授予美国西南大学数理名誉博士，1978 年当选为美国经济协会会长。他还是美国科学院、国际统计学会、美国管理研究会、数理学会、荷兰皇家科学院会员。

　　库普曼一生专心致志于知识领域中的研究，从没有在报上发表过文章，没有担任过政府职务。1981 年他从耶鲁大学退休，4 年后在美国纽黑文去世。

　　著名经济学家赫伯特·斯卡夫从 1957 年始与库普曼成为亲密的朋友和同事，他在《库普曼科学论文集》第二卷序言中，对库普曼作出了这样的评价："在这样一个发展时期，很少有像他这样的经济学家在如此广泛的领域中不断地提出一些新观点、新概念，并创立一种清晰的文体。"库普曼获得了许多荣誉，使经济进入一个全新的硕果累累的领域。

诺

贝

尔

光

芒

千岛之国的骄傲

　　威廉·爱因托芬（1860—1927 年）荷兰病理学家、眼科专家。乌得勒支大学医学博士，曾任莱顿大学生理学教授。他的主要贡献是对病理学，尤其是对心脏病的研究。1896 至 1906 年期间，他潜心研究心脏跳动记录器机械原理，1903 年发明了著名的"心电图测试仪"，1906 年首次应用于临床，轰动了当时的医学界。由于他发明了心电图测试仪这一重大贡献，1924 年获得了诺贝尔生理学及医学奖。

诺贝尔光芒

乌得勒支大学

医学世家

　　爱因托芬出生在印度尼西亚爪哇三宝龙市的一个荷兰人家庭。印度尼西亚位于亚洲东南部，地跨赤道，由太平洋和印度洋之间的三千多个大小岛屿组成，号称千岛之国，是世界上最大的岛国。那里风光绮丽，物产富绕，历来为冒险家所向往。那儿有着悠久的历史、文化，丰富的人文，但经济发展缓慢，远远落后于欧洲各国，原来是一些分散的封建小王国。16 世纪末，荷兰殖民主义者侵入并占领了这个具有厚实文化底蕴的小国，在那里统治达数百年之久。1939 年，第二次世界大战中，这个国家又被日本帝国主义占领了好几年，历尽磨难、屈辱，直到日本侵略者战败投降后才宣告独立。

印尼风光

爱因托芬的父亲是当年荷兰殖民统治者驻印度尼西亚的一位军医，退役后又做教区医生，他的母亲是一位在当地开业的法国医生的女儿，这就是说爱因托文是出生在一个医生之家。这为他从事医学研究起到了巨大的影响，加快了他走上医学之路的步伐。

众所周知，一个合格的医生必须具备两个条件：医术高明和医德高尚，爱因托芬的父亲就是这样一位合格的医生，其刻苦钻研医术，他善良、正直、勤劳，对病人富有同情心和高度的责任心。他经常对小爱因托文讲，对病人一点也不能马虎，这关系到他们的健康和生命。作为一名医生，对待病人要像对待自己的亲人一样，要有救死扶伤的精神，否则，就不配做医生。爱因托芬耳闻目睹父亲的一言一行，留下了深刻的印象，爱因托芬的母亲也总是教育他要做一个能帮助别人的人。爱因托芬的保姆则是一位华侨，姓洪，原籍广东新会。爱因托芬小时候曾随洪妈妈到广东新会农村住过半个月左右，洪妈妈还教他唱广东童谣，爱因托芬对洪妈妈和对中国文化都有很深的感情。

树立鸿大志愿

爱因托芬出生后的头几年里，虽然他什么都不懂，但他能感受到家庭气氛是多么的融洽，又是多么的幸福。他父亲在忙碌一天后，总是把他抱在自己的怀中，左看看，右摸摸，脸上洋溢着说不出的自豪感。也许父亲过度的劳累，也许是上天的不公，爱因托芬的父亲，这样一位医德高尚的父亲，被魔鬼夺去了生命，这种幸福无边的感觉再也没有了。

小爱因托芬再也见不到自己的父亲了，他被母亲抚养着。4年后，他母亲带着孩子回到荷兰，定居在乌得勒支。

诺贝尔光芒

在他 8 岁那年，爱因托芬的保姆洪妈妈又因心脏病去世了。洪妈妈的死使爱因托芬非常悲痛，不仅仅是因为自己一出生就由洪妈妈细心照顾，给他无微不至的关心，教他唱广东童谣，教他学会许许多多做人的道理，更因为是面对自己最亲最爱自己的人，因病无法治愈而去的情形。洪妈妈的死，特别是因心脏病而死去，对爱因托芬来说，记忆深刻，终生也无法忘记。他决心继承父志，献身医学，拯救人们于病痛之中，保护人们的健康和生命。

乌得勒支大学

爱因托芬志向明确、学习认真、成绩优秀，在以优异成绩毕业后，他考上了名牌大学——乌得勒支大学医学院。爱因托芬迈开了踏上医学研究征程中的第一步。

初露锋芒

乌得勒支大学是一所历史悠久的著名大学，尤其以医科闻名于世。爱因托芬就在这所让人向往的大学里学习。

诺贝尔光芒

爱因托芬进入该校后，因为他知道自己的人生目标，他自己的路该怎样走，要付出怎样的劳动。在学习上，他充分利用节日、假期的时间学习，无论白天、黑夜都极其用功，很快成为一名品学兼优的高材生。"身体是革命的本钱"，爱因托芬深知这一点，所以他不是只读书的书呆子，他还注意锻炼身体。他说过，为了保障身体健康不仅要有先进的医学知识，也要加强自己的保护意识，锻炼身体对于搞科研工作的人来说是极其重要的，他常告诫同学说："别让你的身体腐败了！"他带头成立了学生划船俱乐部，得到同学们的称赞。

爱因托芬

诺贝尔光芒

爱因托芬在大学三年级时不小心摔坏了腕关节。要是别的学生，不

光会难过，还会埋怨自己为什么总是不小心！可他并不这样认为，他利用这个机会对手臂进行研究，有一次，正当爱因托芬对着自己摔坏的手臂发愣时，有同学来探望他，他对同学说："我发现前臂的前旋和上翻作用。"这位同学笑了起来了，并说："爱因托芬，你的病还影响着你吧，可爱的大傻蛋。"

病愈后，爱因托芬就把自己在患病期间所发现和研究的东西，写成了论文发表了，并取得学士学位，后来那位同学想起爱因托芬说的话，无不自我解嘲地说："爱因托芬这是因祸得福呀！"

接着，爱因托文又完成了关于颜色分辨和立体镜的论文，获得博士学位。

光辉成就

诺贝尔光芒

就在爱因托芬获得博士学位的同时，乌得勒支大学医学院院长康达斯对他（爱因托芬）十分关注，院长决定悉心指导他。有了一流的指导老师，深得院长的宠爱，爱因托芬认为机会来之不易，"此时不博，更待何时！"爱因托芬更加发奋了。在工作中，在对心脏病例的接触过程中，爱因托芬了解到，人类对心脏的研究还十分肤浅，根本无法应用到实际工作之中去，需要深入研究，需要进行更大的突破。于是爱因托芬来到了位于荷兰西部的著名学府——莱顿大学，并担任生理学教授。

1891年，历史将永远铭记。爱因托芬开始心电图的研究，历经无数个日日夜夜，几经春夏秋冬刻苦研究实验，他先后完善了心电图的仪器装置，确定了心电图的标准测量，为心电图学奠定了基础，使心电图应用于临床诊断，为成千上万心脏病患者带来了福音。

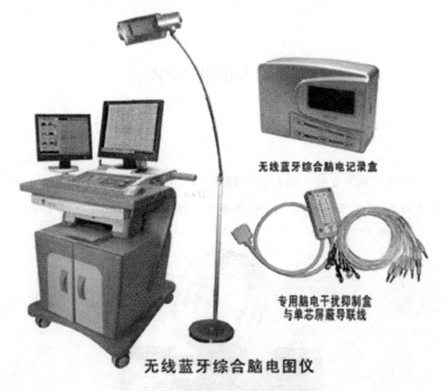

无线蓝牙综合脑电记录盒

专用脑电干扰抑制盒
与单芯屏蔽导联线

无线蓝牙综合脑电图仪

心电图仪器

历史，就这样翻开了崭新的一页，人生就这样变得更加美好。

1924 年，为了表彰爱因托芬发现心电图机理的光辉功绩，瑞典卡罗琳医学研究院决定授予他诺贝尔生理学医学奖。

乐于助人的物理学家

诺
贝
尔
光
芒

亨德里克·安顿·洛伦兹（1853—1928年）荷兰物理学家。1853年7月18日生于阿纳姆，1870年考入莱顿大学，1875年获博士学位。

洛伦兹发动机

1878年起在母校任教授，长达35年之久。1912年洛伦兹辞去莱顿大学教授职务，到哈勒姆担任一个博物馆的顾问，同时兼任莱顿大学的名誉教授。1919—1926年在荷兰教育部门工作，于1921年起担任高等教育部长。洛伦兹是一位世界闻名的物理学家，他于1911—1927年担任索尔维物理学会议的固定主席。索尔维会议是讨论物理学发展中有待解决

的关键问题的国际会议，参加会议的都是各国最杰出的专家。在国际物理学界的各种集会上，洛伦兹经常是一位颇受欢迎的主持人之一。

自立生活　独立思考

1858 年夏季。午饭刚过，突然传来有小孩的呼救声，呼救声来自不远的河边。人们冲向河边，一对夫妇跑在最前面，他们七手八脚地把孩子从河里救了上来。落水的孩子正是他们的儿子——只有 5 岁的小洛伦兹，这个小孩日后成了闻名于世的物理学家。

洛伦兹

洛伦兹出生于阿纳姆，他的父亲格里特·洛伦兹在阿纳姆附近有一处苗圃。生母盖·凡·金克尔在他很小的时候就去世了，因此幼年的洛

伦兹非常自立，他在学习上从来不用人督促，从小学到中学成绩总是全班第一。从小失去母爱的孩子，许多事情很难找到知心的人一起商量，必须自己思考，自己处理。幼年的洛伦兹思考问题很有自己的独特方式，他从不轻易相信一般公认的模式，对很多事情都持怀疑态度，他总是站在超然的立场上看待事物的各个方面。在洛伦兹很小的时候，他就广泛地阅读维多利亚女王时代的小说和欧洲宗教改革史，从这些书籍中吸收有益的观点和看待世界的方法。他虽然生长在新教徒的圈子里，但在宗教问题上却是一个自由思想家，他这种处世态度导致他在日后的科学研究上也是一个很宽容的人。他从不干扰别人的思路，也不把自己的意见强加于人，总是平平静静地听取别人的意见，这与他幼年时经常独立思考和多方面考虑问题有很大的关系。

童年时的洛伦兹经常到当地的法国教堂作礼拜，并学习法语，由此养成了学习外语的一种好方法。对于生活在阿纳姆这个相对闭塞的荷兰城市来说，能够掌握多种外语是了解外面世界的重要途径。通过大量的阅读，他能够从语境中推断出语法结构和成语的确切意思。这种探索式的外语学习，不仅大大地提高了学习的兴趣，并使他非常迅速地掌握外语。在日后的研究中，由于掌握多种外语知识，他便能熟练地应用这些语言，阅读最新的物理著作，了解最新的科研成果，这对他的研究有着非常重大的作用。

谦虚的性格　伟大的一生

洛伦兹主要是从事光学和电磁理论研究。他创立了经典电子论，在研究电子在磁场中的受力情况时，发现了一种力，后来被人们称之为

"洛伦兹力"。这一发现，对电磁学的研究工作有了飞跃性的推动作用。

1896年，洛伦兹的学生塞曼在研究中发现，光线在磁场的作用下，光谱线会发生分裂。塞曼确认了这个现象以后，就想进一步去解释它。在各种理论中，他选择了洛伦兹的电磁理论。这个理论能很好地解释这个现象，但是在实验中却有一些困难。正好洛伦兹也在研究光和磁场的关系，当得知塞曼遇到了难题时，便鼓励塞曼坚持下去，克服困难以得出正确的结果。为了加快研究的步伐，洛伦兹借去了塞曼的全部研究资料和实验记录，放下手中的一切工作，一连几个月专心仔细地研究。一天深夜，洛伦兹终于找到了问题的症结，原来是他们忽略了磁化的作用。他立刻打电话给塞曼，从梦中惊醒的塞曼，听到这一消息，欣喜若狂，两人算是通过电话共享了这一幸福时刻。

塞曼效应的发现者——荷兰物理学家塞曼

塞曼认为这一发现的荣誉应该归于洛伦兹，但洛伦兹却坚持把这一发现定名为塞曼效应，他说这是对科学创造精神的尊重和肯定。

塞曼效应的发现，在物理学中起着重要的作用，直到现在，人们要测定太阳及其他星球表面的磁性作用时还得用到塞曼效应。

洛伦兹在很多领域都有建树，他不仅在电、磁、光学上有惊人的贡

诺贝尔光芒

献，对热力学、地心引力、放射化学及动力学也都有研究并有所发现，有所创造。特别值得一提的是他还是相对论的先驱者，他提出了任何运动着的物体在其运动方向上，都会出现缩短现象，并导出了计算公式。这就是现在常用的"洛伦兹变换"，这是狭义相对论中的一个重要公式。

洛伦兹一生的许多时间都花在认真检验别人的理论并帮助他们寻求简单原理上。由于他平易近人，不务虚名，从未以学者权威自居，对各种新思想都能包容，很多当时的著名科学家像爱因斯坦、薛定谔都经常征询他的意见，并希望得到他的支持。爱因斯坦曾经说过，在他的一生中，洛伦兹对他的影响最大。

1928 年 2 月 4 日洛伦兹去世。他的葬礼在荷兰哈勒姆举行时，当时荷兰的电报、电话服务暂停 3 分钟，以示哀悼。著名的物理学家卢瑟福、爱因斯坦都在他的墓旁致了悼词。爱因斯坦称他是"我们时代最伟大最高贵的人"。

爱因斯坦

诺贝尔光芒

发现"塞曼效应"的浪子

浪子回头

1865 年 5 月下旬的一天，泽兰的拦海大坝又决口了，海浪像万头猛兽，奔腾咆哮而来，席卷一切，淹没一切。在这一片汪洋中，有一只小木船在飘荡着，小木船上躺着一位即将临产的孕妇。她经过长时间的拼命挣扎，已经精疲力尽，失去了信心，感到了死神的来临。但是，当她一想到腹中的孩子时，又以顽强的意志挣扎起来，心里想着："我要挣扎，我要探出头来！"终于，一股巨浪冲来，把她推向了岸边。就在这时，她分娩了……一直到第二天下午，人们听见婴儿的啼哭声，才把这母子俩救了起来。后来，这个婴儿——彼得·塞曼成了名震世界的物理学家。

彼得·塞曼

诺贝尔光芒

中学毕业之后，塞曼进入了莱顿大学。然而，泽兰毕竟是个小地方，大城市的花花绿绿使这位从未到过大城市的小伙子眼花缭乱、目不暇接。被那种花花绿绿、纸醉金迷的生活所吸引。他经常与一些人嬉戏游乐，还与女孩子周旋，而把学习放在了一边，结果期终考试时，物理竟不及格。母亲拿着彼得·塞曼的成绩单，百感交集，泪流满面，又生气又伤心。她愤愤地对儿子说："早知道你这样没出息，我当初真不该在波涛中挣扎！"接着她向儿子讲述了当时的情景。母亲的一席话，像阵阵惊雷，震撼着彼得·塞曼的心，他羞惭万分，泣不成声，亲吻着母亲的手，暗暗下定了决心。

彼得·塞曼

从此，彼得·塞曼面貌一新，完全变成了另外一个人。他毅然抛弃了一切恶习，一头扎进知识的海洋，刻苦学习，顽强拼搏。不久，母亲病重，临终前，这位英雄母亲仍然用尽最后一点力气，说出了五个字："挣——扎，再——挣——扎……"

彼得·塞曼为了牢记母亲的教导，把母亲的遗像嵌在一个精致的小胸饰里，永远挂在自己胸前。在母亲的激励下，彼得·塞曼夜以继日、废寝忘食地学习和工作着。

科学成就

1885年，塞曼进入了莱顿大学，在那里他向低温实验物理学家翁内斯和研究磁光的理论物理学家洛伦兹学习物理学。

在洛伦兹的指导下，塞曼就偏振光的相互磁作用进行了实验。由于对 Ker 效应所做的仔细测量，他获得了荷兰哈勒姆科学学会颁发的金制奖章，并且获得了莱顿大学的博士学位。

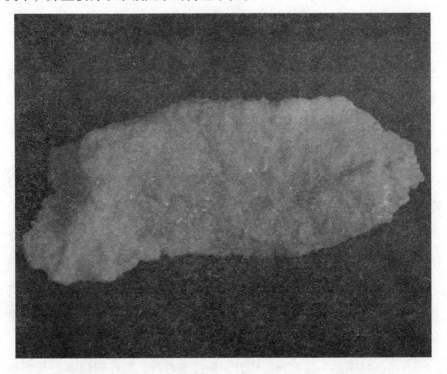

石　英

1896 年，塞曼在洛伦兹的帮助下，对钠光谱的磁效应进行了研究。他得出的结论支持了洛伦兹的观点：磁场可以使一条光谱线劈裂成三部分，并且澄清了光谱线是由电子生成的认识，更加精确的测量使塞曼计算出了电子的核质比。对有些原子来说，人们所观察到的光谱线数量与该理论所说有所不同，这一反常现象为发现电子自旋打下了基础。1902年，由于塞曼和洛伦兹在"塞曼效应"方面的工作成绩，两人共同获

诺　贝　尔　光　芒

得了诺贝尔物理学奖。

这时的塞曼并未在荣誉和金钱面前止步，而是马不停蹄，继续刻苦钻研。

1897年，塞曼成为阿姆斯特丹大学物理学研究所所长，他想继续进行有关研究，但是由实验和城市交通引起的建筑物振动使他无法进行精确的测量。因此，塞曼时常跑到格罗宁根大学去进行他的实验。最后，他只好暂时放弃了他的磁光研究，直到建起了一座适用的新实验室。

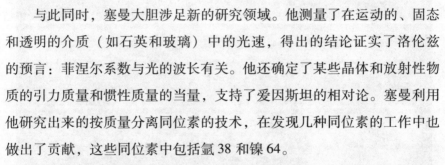

与此同时，塞曼大胆涉足新的研究领域。他测量了在运动的、固态和透明的介质（如石英和玻璃）中的光速，得出的结论证实了洛伦兹的预言：菲涅尔系数与光的波长有关。他还确定了某些晶体和放射性物质的引力质量和惯性质量的当量，支持了爱因斯坦的相对论。塞曼利用他研究出来的按质量分离同位素的技术，在发现几种同位素的工作中也做出了贡献，这些同位素中包括氩38和镍64。

当塞曼的新实验室终于投入使用时，他又重新开始进行"塞曼效应"精确测量的实验。在此期间，他和自己的学生一起研究了某些惰性气体的磁分辨和铼的强光谱线。

塞曼虽然不是一位和蔼的学者，但极有尊严，他受到同事、员工和学生的爱戴和敬重。他是位细心的天才实验学家，随时准备迎接挑战。他通过自己的工作获得了许多奖励和荣誉，其中包括至少10所大学的荣誉学位，他还是许多学术团体的成员。他于1935年退休，1943年10月9日去世。

莱大荣光

"荷兰的母亲"

朱丽安娜 1948 年 9 月登基，任荷兰女王，1980 年 4 月让位给女儿贝娅特丽克丝，共执掌荷兰王权 32 年。朱丽安娜为荷兰作出的巨大贡献令她获得了人民的爱戴与支持，荷兰人民将她的生日 4 月 30 日当做女王日和荷兰国庆日，一直沿用至今。荷兰时间 2004 年 3 月 20 日，王太后朱丽安娜因病与世长辞，享年 94 岁。但在荷兰人民的心中，她永远都是"荷兰的母亲"。

朱丽安娜女王

快乐成长

朱丽安娜 1909 年 4 月 30 日出生于荷兰海牙，是威廉敏娜女王和亨德里克亲王的唯一子女。威廉敏娜女王对自己的独生女儿朱丽安娜格外珍爱，对她的培养教育也有着周

莱
大
荣
光

到的计划，最主要的是她绝不让女儿再像她自己那样"在一只笼子里"长大。她要让女儿和普通孩子一样自由活泼地生活，和普通孩子们一道上学、玩耍。当然，同时她也着力培养女儿具有超出一般儿童的出入正式场合的"能力"。因此朱丽安娜还不到三周岁时便在海牙儿童节上应邀做了"嘉宾"，11 岁时便主持了乌特勒克市国际交易会大厦的奠基礼，16 岁时为"朱丽安娜运河"开挖第一锹土，18 岁时便开始参与国事活动。朱丽安娜在莱顿大学学习时加入女大学生联合会，并且积极参与活动。当她匿名投稿的一首歌竞选为大学当年的校歌时，心情异常激动，享受到常人所有的快乐。1930 年，朱丽安娜结束学业获得文学和哲学荣誉博士证书之后，父母为她举行庆祝晚宴时，她心里格外不安，觉得不应享受如此非份的荣誉。

地下恋情

朱丽安娜的丈夫贝恩哈德亲王也是个德国人，年轻时健康、活跃、潇洒、干练，是个走到哪里都很讨人喜欢的小伙子。关于他俩的恋爱故事，英国著名记者赛福顿·代尔沫在 1961 年发表的回忆录里有着详细的记载。他从一开始便掌握着最权威最全面的资料，可是他却从来没有给他们披露。赛福顿的年龄比贝恩哈德亲王大很多，被他称作"叔叔"，他俩可称是忘年交。赛福顿的回忆录里说："1936 年 2 月在旅游休假胜地伊格尔斯，有一个年轻的小伙子一下子被一个姑娘吸引住了，于是他便大胆地要求同她进一步结识，自此常常朝拜她。于是一曲美妙的爱情之歌从那山上奏响，奏起这一曲缠绵情歌的双方就是朱丽安娜女王和贝恩哈德亲王。"

在1935年底时，荷兰驻法国大使劳顿伯爵就曾对当年正在德国法本化工集团驻巴黎分部供职的贝恩哈德亲王说：

"眼下荷兰正有一个驸马的位子空缺，你敢不敢前去争取呢？"

"这有何不敢？难道我的爱情鸟儿五音不全吗？"

1936年2月，贝恩哈德亲王打算到嘎尔米什—帕滕基申去参观冬季奥运会时，劳顿伯爵又告诉他：荷兰朱丽安娜公主和她的母亲此时就住在他对面的山坡上。于是贝恩哈德立即通过电话请求会见，朱丽安娜公主欣然应允，并安排了一次午餐专邀他前

贝恩哈德亲王

来共享。然而，这一顿午餐可不是一顿轻松的饭！威廉敏娜女王不停地向他提出了一连串问题，有些是相当尖刻的，而且女王的性格又是说话毫不客气、直截了当的，聪颖机敏的贝恩哈德带着满额头的汗总算吃完了这顿饭。饭后被允许一起去滑雪，这时贝恩哈德信心十足地故意在女王的面前展示他娴熟的技巧和矫健优美的动作，并且在朱丽安娜面前大献殷勤。

贝恩哈德的性格不仅快乐、活泼，而且十分善解人意，富于同情

莱大荣光

心，在同龄人当中又是最幽默、最大胆的，因此，他走到哪里都有人喜欢和他打道。两人结识了一个月之后，这一年的复活节贝恩哈德又从巴黎来到荷兰与朱丽安娜幽会，这次是在埃特洛宫里。年轻人谈恋爱时都是一样，千方百计地避开人们的耳目。他们也如此，尽可能不让人知道，最好连宫里人员也不要知道，于是他住在宫廷副官哈尔登布鲁克伯爵家里。老副官叮嘱他处处当心，不要走漏风声。可是，当这位老副官看到这个小伙子颇有些志得意满，不把他的嘱咐放在心上时，便向他提出警告："我觉得还是应当向您提出为好，您同我们的公主虽已有几面之交，彼此间也已有所了解，但您还没有权利认定我们的公主已经同意嫁给您了。"哪知贝恩哈德竟分毫不让，他理直气壮地反问："可是尊敬的伯爵先生，您又怎样有权利去设想我定将向她求爱呢？"这种独立自主的性格和机敏精神却颇受朱丽安娜所欣赏。这次见面刚过不足两个月，到了 5 月 28 日圣灵降临节前，他又驾车来到荷兰，同他的心上佳人儿幽会。此时的他胸膛里简直充满了歌儿，浑身似乎

贝恩哈德亲王

菜大荣光

时时处处都在被一种无名的欢快的旋律驱动着。这次他住在一家别墅旅馆里，他一到便给这家的主人留下了特别的印象：但见这个仪表堂堂、风流倜傥的外国小伙子坚持自己将随身的行李搬到楼上房间去，又同几乎每一个人都能谈得来，而且还让面包房里的小伙计去欣赏他那辆福特牌小轿车。他每次去埃特洛宫幽会总是小心翼翼地将车停在离宫门很远的地方，然后步行悄悄进宫，或骑着自行车乘人不注意一溜烟儿钻进去。因为他自己也没有十足的把握，谁敢替他预言他那只箭就一定能射中公主那颗纯洁而又活跃的心呢？

威廉敏娜女王为女儿的事也花了不少心血，动了不少脑筋。同年夏天，她命宫廷保卫局长专门到瑞士中部去选择一个最理想的（隐蔽的）地点，于是保卫局长选择了巴德一魏森堡旅馆。这家旅馆坐落在一个高高的山坡上，只有一条路通往那里，所以不易被那些多事的人发现。而且，为了转移外人的视线，女王甚至亲自带着公主故意在 7 月底双双出现在一个叫福格泽的小

朱丽安娜女王与贝恩哈德亲王

城里，7 月 27 日参加在那里举行的一次法国教堂的弥撒活动，并在那

里公开逗留半个月之久。直到 8 月中旬才突然悄悄地转到巴德－魏森堡旅馆，而此时贝思哈德早已在那里焦急地等待四天之久了！为了女儿的幽会女王亲自策划并参与如同秘密的地下党一般的活动，似此佳话轶事世间可谓不多！然而，尽管机关算尽，却仍然一到那里碰到了意外：不知怎地，那一天，旅馆门前竟聚集了一群荷兰记者！难道真的走露了风声？幸亏不是！原来巧得很，刚好在同一天，同一地点，有一个荷兰企业界的聚会活动，记者们是为了那次重要聚会而去的。既然同女王公主不期而遇，他们当然也不肯放过。此时女王又一次显示出她的大无畏精神，为了挽救女儿的幽会，她挺身而出欣然接受记者采访让他们拍些照片去广为散发。次日，果然记者们都纷纷下山了。又隔了一日这一对恋人才悄悄地乘汽车到一个小城，又从那里乘火车到温格拉尔普。但是他们却万万没有料到，竟有一个记者偷偷地一直猫在他们的身后并且紧紧跟踪着。正当他俩携手揽腰亲亲昵昵地双双漫步在尤赫处女峰上时，竟被那位记者偷拍了若干情意缠绵的镜头。然而，那位记者当时却并不清楚这位如此牢牢地勾住了公主的小伙子究竟是谁。中午，他俩又一次外出散步，返回旅馆喝

朱丽安娜女王与贝恩哈德亲王

茶小憩时，刚巧旅馆的大厅里正在上演一个小型音乐会。乐队的指挥因

认识贝恩哈德亲王，于是礼貌地向他轻轻点了点头。不料，这一小小的动作却招来一些在场的荷兰人的目光，其中就有上午刚刚偷拍了他们亲热镜头的那位《电讯报》的记者。朱丽安娜公主和见恩哈德亲王二人见被众多荷兰人认出，便在草草喝过一道茶之后，正当乐队演奏荷兰古老民歌乐曲时抽个空子溜掉了。那位记者从乐队指挥那里打听到原来公主身边的那个小伙子是一位德国亲王，于是 1936 年 8 月 19 日《电讯报》上便刊出了第一篇关于二人恋爱的报道。可是，其实对于他们这段恋情史知道得最早并且从一开始就了如指掌的还是那位被亲王称做"叔叔"的英国记者赛福顿·代尔沫。后来在朱丽安娜和贝恩哈德的定婚仪式上，他应邀前来参加。朱丽安娜深怀感激地对他说："贝尔尼格（贝恩哈德的爱称）曾经对我讲过关于您的一切。您对我们的事儿了如指掌，但是从未对外界透露过我们的秘密，太感谢您了，您是一位真正可靠的朋友！"

创造"荷兰领土"

为了保证女儿的王室地位而在外国创造"荷兰领土"，如此智慧的点子来自荷兰女王朱丽安娜。

朱丽安娜继位前，荷兰遭到了德国纳粹的进攻。为了保全王室的安全，朱丽安娜一家来到加拿大。1943 年 1 月，准妈妈朱丽安娜遇到一个法律难题。加拿大法律规定，凡出生在加拿大境内的人，生下来自动成为加拿大公民，而荷兰王室又不允许王室成员成为外国公民。为了确保宝宝的王室地位，朱丽安娜恳请加拿大政府破例通过一项法案，将渥太华市民医院的一间产房临时划归荷兰政府所有。这样，朱丽安娜在

"荷兰的领土"上生下了第三个女儿玛格丽特。玛格丽特的诞生，极大鼓舞了在欧洲与纳粹战斗的荷兰人民。1945年5月5日荷兰解放后，朱

渥太华

丽安娜回到了祖国。同年，荷兰议会通过法案，将渥太华市民医院那间产房的荷兰领土主权归还加拿大。

大义灭亲

贝恩哈德亲王不同于他的岳父享德利克，他精力充沛，潇洒干练，善解人意。入赘到荷兰后，虽然也因有着德国的背景而遭到一些人的非议，但总的来说他是受到欢迎的。特别是在二次大战期间，他忠心赤胆同荷兰人民站在一起，共同进行反法西斯的斗争，并在那场伟大的卫国

莱大荣光

战争中立下了不可磨灭的功勋，更博得了广大荷兰群众的爱戴。战争期间他奉女王之命指挥过荷兰军队，在军界具有很高威望。战后，他身为三军总监，权力也可谓很大。可是中国有一句古语叫做：皎皎者易污，峣峣者易折。这是社会人生的至理名言！由于你的地位高、名气大，影响力强，周围便会有人来利用你以达到他的目的，且不说你自身存在的缺欠也会使你自损。它告诉人们：人活在世上"自尊自爱"是何等之重要，又何等之不易！就在吉祥鸟跳跃枝头，为他们鸣唱那段迷人的恋歌的时候，没有任何人能料想到在整整 40 年后的同一天，1976 年 2 月 8 日，荷兰首相登厄伊尔在电台和电视台前宣读了一则简短却又令人倍感吃惊和痛心的声明：荷兰政府对关于贝恩哈德亲王所谓不良行为的传言，将就其来源和可靠性进行正式调查，以向国民作出负责任的交待。什么传言？原来以前几个月来世界各地都在风传着一个特大新闻"洛克希德公司大贿案"。据说该公司曾花费巨额资金收买各国政要为其推销飞机的活动服务。这个案件在美国披露后，案情不断扩大，涉及到美国之外诸如日本、德国、荷兰等许多国家，有的国家已查得水落石出。日本的田中角荣、德国前

贝恩哈德亲王

国防部施特劳斯都被牵连进去。在受贿者的名单里，贝恩哈德亲王的大

名也直书其上，顿时荷兰社会上沸沸扬扬，此事成为全国人民关心和议论的头号热点话题。2月10日成立了专门负责进行此事调查工作的三人委员会，经过了一番拉锯战之后总算有所进展。之后不久，贝恩哈德亲王参加"世界自然保护协会"（贝是该协会主席）在阿姆斯特丹希尔顿饭店举行的晚餐。这一天，女王也突然决定前去参加。于是，会场上掀起一阵对女王夫妇表达敬意、同情和支持的热潮。女王夫妇到场以前便有人散发桔黄绶带，每位与会者都身佩此带以示对王室的支持和同情。亲王的情绪很好，但正当他入座的瞬间，却有人突然发现他的座次上摆着一张"13"号的牌子，国家情报局的人急忙上前取掉它，因为在西方"13"是个不吉利的数字。可是亲王看到了，却大声阻止道："放在这里吧，反正我也正是倒霉的！"在全场一片掌声中亲王举起那个牌子摇了摇。在座的众人纷纷起身：

"为我们大家的贝恩哈德亲王干杯！"……

这一年的4月30日，朱丽安娜女王67岁生日。这一天苏斯代克宫里格外忙碌，王室全体成员都出席了庆祝活动，气氛热烈异常。前来向女王夫妇献花致意的人排成一支长长的队伍，献花后，女王夫妇还专门乘车在王宫的附近兜了一圈，向众人致谢。实际上整个4月的最后一个星期里，全国四面八方都发动了向女王夫妇表示同情与支持的活动。到处都悬起桔黄小旗，一张张传单上印着："我们一如既往毫无保留地信赖贝恩哈德亲王！"

同年8月26日下午5时，首相登厄伊尔步人二院议会大厅，大厅的气氛紧张而又压抑，此前的会上散发了三人委员会提出的长达240页的调查报告文本。报告对此案所涉各个方面均作了详细的水落石出的交待，人们为这种高度公开性而叹服。苏斯代克宫里，女王夫妇正静静地坐在他们的图书馆里的电视机前。半个小时前，他们刚才匆匆返回荷兰。首相接着发表了一个声明，首相表示，政府接受三人委员会的调查结论，即贝恩哈德亲王在洛克希德行贿案中犯下了接受贿金并按照该公司要求推动荷兰政府定购该公司飞机的错误。首相表示承认亲王过去曾为国家作出过特殊贡献，他对亲王在当时的那种条件和环境下做出不能令人接受的事情而尤其感到遗憾，并表示政府已经就它所必须采取的行动问题进行了磋商。政府认为尽管亲王对政府购置飞机一事确实施加了若干影响，但并没有证据说明他以此损害了国家的利益。亲王为其行为而决定放弃他迄今在军界所担负的一切职务即荷兰三军总监、全国防务委员会成员、国防委员会成员，此外还将放弃他在企业界的一切职务。首相还援引亲王 8 月 23 日所发表的一项声明说：他承认自己当初没有足够慎重地考虑自己作为荷兰亲王和王后丈夫的极为脆弱和敏感的地位，没有从充分的警惕和批判的态度对待有人向他提出的建议，现在愿承担全部责任，接受调查委员会的意见，并对此深表遗憾。他注意到政府对此事的立场，接受政府的结论，放弃自己所承担的一切军界和工商企业界的职务。但仍希望今后能给他保留为国家效劳的机会，愿以此重新赢回人们对他的信任……首相接着说："政府满意地获悉，调查委员会在调查过程中得到证实，尽管洛克希德公司曾力图对荷兰政府的飞机购置决策施加了不应有的影响，但却未能奏效。没有迹象表明它影响了政府的决策，因此调查委员会据此得出结论认为亲王的行为尚不构成必须进行法律追究的情节。因此，政府的任务一方面是维护社会法制的尊严，另一方面维护我国君主立宪制的尊严。"

　　首相的声明最后说："政府经过认真的考虑后决定将调查委员会所得到的一切材料予以公开。这正是因为它认为通过对事实的毫无掩饰和

隐瞒，毫不文过饰非，在这种困难尴尬的境地中更能显示出一个成熟的民主制的力量，完全的开诚布公可以使诸位议员和我国人民独立地判断调查委员会的意见和政府的立场。公开暴露总会带来损伤，但它却同时也具有解脱的意义。它能创造一种联系的纽带和一种共同承担责任的精神，坦诚地面对事实不会使人更软弱却相反会使人更坚强。有了这种认识便有希望走出今天的失望与颓唐，相信我国人民一定愿意以一种福祸与共的精神去客观地做出自己纯洁公正的结论，也将会支持和鼓励女王去继续完成她所承当的使命。"

莱
大
荣
光

诚然，正如同荷兰著名诗人康斯坦丁·惠根恩所说的："世上没有跌倒的耻辱，只有站不起来的耻辱。"中国古代的一位哲人也曾说过："不患人之有失，患其失而不捡！"贝恩哈德亲王最终还是勇敢地站起来了。有人赞扬他具有骑士风度，其实更具骑士风度的应该说是女王。无庸赘言，此事对女王威信甚至地位的冲击是极大的，她的双重身份从未有过的处于直面相冲的状态，一方面作为妻子，她自然同情自己的丈夫；但另一方面作为国君，她又必须大义灭亲。这双重的角色落在两个人身上是一回

朱丽安娜女王

事，落在同一个人身上又是截然不同的另一回事！事实证明她极其艰难但却又极令人满意地完成了这一任务。三人委员会是在她批准后方才宣布建立并开始工作的，政府的决策和决定也是必须由她批准认定之后方才生效的，而此案调查的成功如果没有王室方面的积极配合与合作则更是不可想象的。事实说明朱丽安娜女王在后庭横祸临头之际用自己的行动再一次为家族写下了一篇洋溢着该家族的雄浑大气与凛然之风的动人篇章。

慈祥的"平民女王"

老女王威廉敏娜晚年时曾对她身边一位最亲近的顾问感叹道："现在已是一个新世界，只有年轻一代能够适应它，我不理解它，也跟不上它的步伐了，我必须让位了。"果然在不久后她真的退位了，把女儿推上了前方。朱丽安娜登基后树立起一个与母亲完全不同的形象，成为战后现代化的一代君主。过去，威廉敏娜的话就是法令，她说一不二，但朱丽安娜却是位慈祥的"平民"君主。她从不颐指气使，她不喜欢让人称她"陛下"，而喜欢让人叫她"夫人"。每当某地发生了自然灾害，人们总能看到她带着头巾，穿着雨靴出现在群众中间，有人说她像我们所有人的母亲一样。还有人说在苏斯代克宫里，她甚至可以让女工坐下来喝

朱丽安娜女王

茶，而她自己却擦洗打扫卫生。1973 年石油危机袭击整个西方世界，她甚至骑着自行车上街，鼓励人们节约能源，由此获得"骑自行车的女王"的称号。显然，她在营造一种生活在万民之中而不是万民之上的气氛，这些以见其努力适应时代精神的观念。诚然，在她当政的时期里，荷兰社会经历了战后恢复和 20 世纪 50 年代经济迅速发展的时期。但是经济的繁荣也带来一系列社会展问题，并且始终伴随着社会的不满情绪，政府屡遭抨击和反对，这种现象被人们称为"繁荣病"。不管其缘由如何，出路又何在，它构成了战后荷兰现实社会生活的图景。

贝娅特丽克丝女王

1980 年 4 月 30 日，朱丽安娜在位 32 年之后宣布退位，将荷兰女王的接力棒传给第三代，她的女儿贝娅特丽克丝。如果说当年她继位的时候她的母亲威廉敏娜曾把她看做"适应新时代"的年轻人的话，那么她的女儿贝娅特丽克丝则是真正意义的"新时代的新君主"。

果断的新君主

荷兰女王贝娅特丽克丝·威廉敏娜·阿姆加德 1938 年 1 月 31 日生于巴伦，是朱丽安娜女王和贝恩哈德亲王的长女。第二次世界大战期间随母流亡加拿大，战后返回荷兰。

1948 年其母朱丽安娜继承王位后，她成为荷兰大公主和王储。1956 年进入国立莱顿大学学习，1959 年获法学硕士学位，1961 年获博士学位。1966 年 3 月 10 日与比自己年长 12 岁的德国克劳斯亲王结婚，1979 年任国际儿童年全国委员会名誉主席，1980 年 4 月 30 日登基继承王位，成为荷兰第六代君主。

贝娅特丽克丝女王爱好绘画、雕刻、音乐和骑马。1996 年 5 月获得德国亚琛市的卡尔奖，被誉为坚定的、热情的欧洲人。

H.K.H. Prinses Beatrix

贝娅特丽克丝女王

稳定动荡社会　树立精神威望

　　贝娅特丽克丝是真正在战后时期成长起来的一代人，而战后以来的几十年正是荷兰社会经历巨大变化的时期。战争刚刚结束后的 20 世纪 40 年代后半期，欧洲形成两大阵营对峙的形势，荷兰放弃了过去的中

地中海沿岸风光

立政策，选择了结盟政策，坚定地站在西方阵营一边。50 年代荷兰经济迅速发展，格罗宁根省发现大片天然气更为其经济的发展增添了动力，到 60 年代它已成为一个发达的工业国，拥有众多国际垄断集团。全国建立起贸易王国的开放型的经济，这时全社会生活水平普遍提高。冰箱、摩托、自行车等在 50 年代初期尚属罕见的奢侈品，可到 60 年代已经成为广大群众所普遍拥有和使用的工具。由于经济的膨胀式发展，劳动力出现不足，于是大批外籍工人涌入，既有来自地中海沿岸的，也

莱大荣光

有来自前殖民地苏里南、安的列斯的。七八十年代，这些人陆陆续续在此长期定居，成为荷兰公民，从而形成荷兰社会的多元文化形态。

伴随社会经济繁荣的不断提高，人们越来越关注个体需求和愿望的满足。60 年代这种趋势达到顶点，于是又带来一种消极的副作用，即出现社会动荡。当年的大学生们充当了动荡的主角，他们反对既成的现行秩序，认为当今的工人阶级已经被资本主义物质文明的香风熏得迷醉，他们只知道为自己能多挣些工钱，为弄到电动牙刷而奋斗，改造社会的重任只有落在他们青年学生们的肩上了。这些人大有"众人皆醉我独醒"的味道，处处身先士卒，奋不顾身。他们自称"普洛沃"，意即"挑战者"，到处同警察挑衅。1965 年在首都阿姆斯特丹出现了"普洛沃"运动，现有的权威正是他们冲击和挑衅的主要对象。1966 年贝娅特丽克丝公主同克劳斯亲王结婚仪式竟也成为他们闹事的由头，一些人向他们投掷烟幕弹，自制燃烧弹等，并同前来干预制止的警察发生冲突，双方大打出手，从此引发了"普洛沃"运动的高潮。到 70 年代，又出现了青年学生抢占空房运动。当时住房困难是荷兰最大的社会难题之一，但城市里总有些破旧的危房不准人们入住。于是一些大学生青年便强行抢占，为此也经常同警察冲突格斗。与此同时，在社会政治

贝娅特丽克丝女王

领域也出现了议会外的和平运动，几十万人上街游行，反对北约在荷兰布置巡航导弹。反对建设核电站和使用核能，为此国际上还曾出现过"荷兰病"一词。这种情况着实令海牙的政治家们感到脸上挂不住，因为这分明是来自北约对荷兰政治家们在北约核武器更新问题上表现出"软骨病"的批评。为了扼杀这个新词的存在，荷兰当政的政治家们想方设法顶住这股和平势力，总算在议会通过了一项支持北约在荷兰部署新式核武器的决定。随之这个词便再也没有广泛传播和使用。

显然，在这样的社会背景下做个国君的确是颇多艰难的。1980年，贝娅特丽克丝女王继位后树立起一种自己独有的形象，比之于她的母亲又有所不同。她更加具有君主意识，有人说，她更注意树立自己的精神威望，同群众拉开了一定距离。她首先将全家搬到豪斯登博斯宫中居住和生活（仍在海牙），而诺德恩德宫则改为供她料理国事的女王办公机构所在地。她重新将更多的礼宾制度带到宫中，人们要随时随地称她"陛下"。她又恢复了接受各国使节向她呈递国书活动的礼仪。过去递交国书的大使乘坐王宫的汽车，由两名王室警察陪同到苏斯代克宫去，现在则改为由王宫派出宫中御驾前去迎接。驭手和随从都必须穿着拿破仑时期的传统制服，高高地坐在马车上。当马车来到诺德恩德宫门口时，便有一支军乐队立即高奏两国国歌，女王本人也身着隆重的典礼服装。这些显然同她母亲朱丽安娜女王在位时那种平易随便的"骑车人"的形象拉开了距离，但也许这正是对前人的一种必要和有益的修正呢！

刚毅的女王与沉稳的王夫

贝娅特丽克丝女王是个有头脑、有主见的人，也有人说她还颇具学

莱
大
荣
光

者风范。她喜欢对若干社会问题发表个人的见解，敢于批评一些不正之风，可是正因为此她也招来了某些人的不满。有人抨击她手伸得太长，事事都想干预。有人甚至认为她的言论和做法超越了君主立宪制所提供给她的空间。甚至也有少数人借机妄图否定君主制的合理性，散布和鼓动取消君主制的言论。对这些，我们当然不予置评。但从一些事实中我们却可以见到这位女王的为人。她曾经在一次公开场合的讲话中明确表示反对同性恋者彼此结婚的合法性（荷兰法律允许同性恋者相互结婚）；她曾呼吁政府更加重视人类生态环境的改善；她曾经针对某大党的一位领袖对荷兰少数民族所发表的极不友善的讲话，呼吁人们对少数民族表现出友爱之心；她曾在 1996 年到南非进行国事访问的前夕，下令将荷兰驻南非大使鲁埃尔突然调回国内。因为这位大使先生竟携其女友在南非就任，而把他的合法妻子甩在荷兰他的家里。女王不允许如此伤风败俗的人作为国家的正式外交代表驻在国外，更不愿让这种人陪同她进行国事访问活动。对此有人散布说女王所以要拿鲁埃尔先生开刀，是因为两年前女王的儿子王储威廉·

贝娅特丽克丝女王

亚历山大前往南非参加鲁德拉总统就职典礼时，鲁埃尔大使慢待了王子，由此得罪了女王等等。然而不管怎么说，女王自己的态度是鲜明的，她对这些传言均毫无在意，她要保持高洁的风貌，并力图昭示人们发扬昔日那些可贵的风尚。

莱大荣光

1996 年 9 月 6 日王夫克劳斯亲王 70 岁生日。这一天电台、电视和报界的记者们纷纷前去登门采访，却均被他婉拒于门外。国家新闻局局长说："亲王并不愿意特地在这种场合来专门采访他。"的确如此，这位前外交官和法学家一向十分谦逊，他不愿意自己成为众星捧月式的人物，宁愿在默默中做自己应做的工作和贡献。30 年前他曾是德国外交部一位前程颇为远大的高级外交官，自从同贝娅特丽克丝公主结为夫妇之日起便开始了自己另一种类似隐姓埋名的生活。每逢重要的正式场合，总见他静静地立在当年的大公主（王储）和后来的女王身边，没有活跃的举止动作，却显示出一种沉毅与稳重，着实令人感到他是妻子的坚实后盾和支柱。

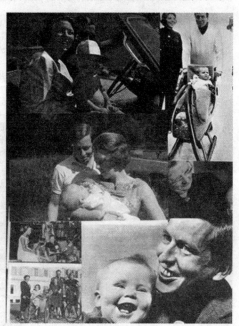

贝娅特丽克丝女王

克劳斯亲王在荷兰长期从事发展援助工作，对发展中的国家怀有特殊深厚的感情。也许因为中国除了是个东方文明古国之外还是世界上最大的发展中国家，亲王对中国也一向怀有特殊感情。1978 年，他陪同妻子作为荷兰王储夫妇应中国政府之邀来我国进行"工作访问"，受到中国政府热诚友好的接待。他们夫妇俩一路上穿行中国南北，先后参观访问了北京、上海、大同、西安、杭州、长沙、韶山，呼和浩特等许多城市和乡村。所到之处，处处洒下了他们浓浓的兴趣和渴求增进了解的深情。他们对中国五千年古老丰厚的文化赞叹不已，对中国各地，特别是农村的发展建设充满了关切之情，他们十分赞赏大寨人民战天斗地、改造穷山恶水、自强不息的精神，也十分关心内蒙古广袤草原上草场的建设与畜牧业的发展。他们对一切都看得格外仔细，询问得十分认真，饱含着对中国人民的深情厚谊。给中国陪同人员的另一个突出印象，便是这一对夫妻是一对绝好的搭档。当年尚属初出茅庐的贝娅特丽克丝公主对她身边的这位风度翩翩而又稳健含蓄的，嘴角边总是带着会心微笑的克劳斯十分倚重，甚至可以毫不夸张地说，时时处处言听计从，将他视为良师益友。人们常会发现公主时时喜欢用一种特别的目光向他请教。每当这时，总见克劳斯不动声色地朝妻子轻轻耳语几句，然后彼此又交换一下眼色，于是公主便像是有了十分的把握，好似鸾凤和鸣！

克劳斯亲王以发展援助专家的身份协助政府制定和推行发展援助政策已有三十余年，对荷兰的对外援助工作做出了巨大贡献。他曾经任荷兰内阁发展援助大臣的高级顾问，后来又担任政府发展援助工作总监兼大臣总顾问。1973 年他还做过五年"尼德里志愿者协会"主席，曾先后同八任发展援助大臣一起共事。可以说荷兰的对外援助工作从战略方针的确定到政策原则的安排，

朱丽安娜与贝娅特丽克丝

莱大荣光

以及具体工程项目的选择与实施等，几乎桩桩件件都渗透着他的心血。每一任大臣都对他务实的工作作风和启人心智的思维和意见十分佩服。现任发展援助大臣普龙克说："他是对荷兰发展援助政策具有十分重大影响的人，也是一位极受人尊敬的人。往往在一个会议上，大家集思广益地进行了一番讨论之后，认为似乎已经可以结束会议了，可是这时他却又提出了更重要的一点，于是大家又不得不心悦诚服地重新坐下来就他所提出的议题再次进行讨论，并且常常感到从中深受教益和启迪。"荷兰在近几十年来是西方发达国家中进行发展援助比较积极也比较先进的国家，这同克劳斯亲王的努力无疑是分不开的。普龙克大臣还十分赞佩他具有高度外交策略艺术的工作作风，他常常启发后人而又"引而不发"，让人在自由和自觉自愿中接受他的意见。

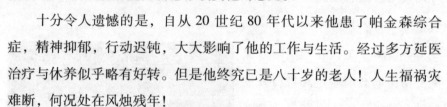

十分令人遗憾的是，自从 20 世纪 80 年代以来他患了帕金森综合症，精神抑郁，行动迟钝，大大影响了他的工作与生活。经过多方延医治疗与休养似乎略有好转。但是他终究已是八十岁的老人！人生福祸灾难断，何况处在风烛残年！

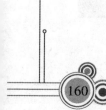

菜
大
荣
光

莱大的"名誉博士"

丘吉尔（1874—1965 年），英国首相。1874 年 11 月 30 日诞生于爱尔兰牛津郡的贵族家庭，毕业于桑赫斯特军事学院。1895 年入伍，先后参加过英国侵略印度、苏丹的战争和英布战争，1899 年开始进入政界。1906 年起丘吉尔历任商务、内政、海军和军需大臣等职。俄国十月革命后，他策划了对苏俄的武装干涉。1924 年加入保守党，后成为该党领袖。20 世纪30 年代，丘吉尔反对以张伯伦为代表的绥靖政策，主张实施遏制德国侵略的强硬政策，联合苏联结成反法西斯的同盟。1940 年德国对英发动"不列颠之战"，出

丘吉尔

任首相的丘吉尔予以反击，粉碎了希特勒的"空中闪电战"。以后出席了开罗会议、德黑兰会议、雅尔塔会议，对反对法西斯战争的胜利作出贡献。1945 年英国工党在大选中获胜，丘吉尔下台。1951 年复出组阁，1953 年获诺贝尔文学奖，1955 年 4 月辞去首相职务，宣告退休。1964

年在莱顿大学接受名誉博士称号。1965 年 1 月 24 日，因心力交瘁，与世长辞。

传奇人生

英国首相温斯顿·丘吉尔是在第二次世界大战期间，带领英国人民取得反法西斯战争伟大胜利的民族英雄，是与斯大林、罗斯福并立的"三巨头"之一，是矗立于世界史册上的一代伟人。

丘吉尔出身于声名显赫的贵族家庭。他的祖先约翰·丘吉尔因在"光荣革命"中支持威廉三世，且又在对西班牙和法国的战争中做为军队总司令取得胜利而于 1702 年被安妮女王封为马尔巴罗公爵，马尔巴罗家族在 19 世纪英国 20 个王室以外的公爵家族中名列第十。丘吉尔的父亲伦道夫·丘吉尔勋爵是马尔巴罗公爵七世的第三个儿子，是保守党"樱草会"（保守党中的一个派系，以工人阶级为主）的创办人，曾担任过内阁中仅次于首相的财政大臣。丘吉尔的母亲珍妮·杰罗姆是美国百万富翁、《纽约时报》股东之一的伦纳德·杰罗姆的女儿。祖先的丰功伟绩、父辈的政治成就以及家族的荣耀和政治传统，无疑对丘吉尔的一生产生了十分巨大的影响，在他成长为英国一代名相的过程中具有关键性作用。他们为丘吉尔提供了

丘吉尔

莱大荣光

学习的榜样，树立了奋斗目标，也培育了他对祖国的历史责任感，成为丘吉尔一生孜孜不倦地追求和建功立业的强大驱动力。

1881 年，7 岁的丘吉尔被送入一个贵族子弟学校读书，丘吉尔是学校中最顽皮、成绩最差的学生之一，因此经常遭到老师的体罚，后来不得不转学到另一所学校。1888 年丘吉尔进入仅次于伊顿公学的哈罗公学就读，但是成绩依然不佳，伦道夫勋爵于是决定在儿子毕业后将他送到桑赫斯特皇家军事学校。1893 年 8 月，丘吉尔进入该校的骑兵专业学习。两年后，政坛上不得志的父亲早逝，同年 2 月，丘吉尔从军校毕业，被分配到第四骠骑兵团任中尉。

丘吉尔未上过大学，他的渊博知识和多方面才能是经过刻苦自学得来的。1896 年，丘吉尔随部队调往印度，在那里他有时间阅读大量的历史、哲学作品。在那里有半年多的时间里，丘吉尔每天阅读四小时或五小时的历史和哲学著作，他从柏拉图、吉本、麦考利、叔本华、莱基、马尔萨斯、达尔文等著名思想家、

叔本华

哲学家、历史学家和生物学家的著作中吸取了丰富的思想营养。这使他的思想更加深刻，人生信念更加坚定，也使他成长为"我们生活的时代里最杰出和多才多艺的人"。

丘吉尔的头上戴有许多流光溢彩的桂冠，他是著作等身的作家、辩才无碍的演说家、经邦治国的政治家、战争中的传奇英雄。他一生中写

莱大荣光

出了26部共45卷（本）专著，几乎每部著作出版后都在英国和世界上引起轰动，获得如潮好评，被翻译成多国文字在世界各国广为发行，以致《星期日泰晤士报》曾断言："20世纪很少有人比丘吉尔拿的稿费还多。"1953年，丘吉尔被授予诺贝尔文学奖。他在一生中经历了多次的议员竞选，在议会的辩论中，尤其是在第二次世界大战中的重要时刻，发表了许多富于技巧而且打动人心的演讲，给人们留下了极深的印象。瑞典文学院在授予他诺贝尔文学奖的颁奖词中说："丘吉尔成熟的演说，目的敏捷准确，内容壮观动人。犹如一股铸造历史环节的力。丘吉尔在自由和人性尊重的关键时刻的滔滔不绝的演说，却另有一番动人心魄的魔力。也许他自己正是以这伟大的演说，建立了永垂不朽的丰碑。"席瓦兹院士在颁奖词中还说，"丘吉尔在政治上和文学上的成就如此之大，……此前从未有过一位领袖人物能两样兼备而且如此杰出。"

莱大荣光

的确，为丘吉尔树立了永垂不朽的丰碑的不仅是他的作品和演讲，而且是他作为一个政治家和反法西斯斗士的光辉业绩。他一生中的大部分时间都当选为议员，曾多次在内阁中担任要职。他经历了许多次政治上的升沉起伏，每次都以不屈不挠的努力，从不畏惧的斗志战胜艰难险阻而达到自己的目的，最终登上了光辉的顶峰，在英国处于历史危机的严峻关头，成为众望所归的政治领袖。

在通向胜利的漫长岁月里，丘吉尔在其演讲中多次发出战斗到底的誓言，表达了英国人民的心声。他说："我们将永不停止，永不疲倦，永不让步，全国人民已立誓要负起这一任务：在欧洲扫清纳粹的毒害，把世界从新的黑暗时代中拯救出来。……我们想夺取的是希特勒和希特勒主义的生命和灵魂。仅此而已，别无其他，不达目的誓不罢休。"丘吉尔在世人心目中已成为英国人民英勇不屈的斗争精神的集中象征。

《星期日泰晤士报》评论说："今天，温斯顿·丘吉尔不仅是英国精神的化身，而且是我们的坚强领袖。不仅英国人，整个自由世界都对他无比信任。"

还值得注意的是，丘吉尔是著名的反共分子，但是在二战中却愿意与斯大林合作对抗纳粹德国。在第二次世界大战的关键时刻，为了取得战争的胜利，在处理与苏联关系的问题上，他以一个杰出政治家的巨大勇气和高度灵活性，从英国人民的根本利益出发，完成了英国政治和他本人政治生涯中的重大历史性转折，毫不犹豫地与苏联结为盟国，使不同意识形态下的反法西斯力量在特定的历史条件下结成了统一战线，从而

丘吉尔

保证了赢得战争的最后胜利。斯大林称赞丘吉尔是"百年才出现一个的人物"。

此外，丘吉尔还可以称之为预言家、发明家、战略家、外交家。他早在三十年代对未来战争中的一些重大技术发展所作的预见后来都变成了现实；他以超乎寻常的惊人敏感和极大的勇气，冒着和平主义浪潮的巨大压力和"在政治上几乎有被消灭的危险"，一天也不放弃向国人发出预言式的战争警告，使英国人作好了战争来临的精神准备。他主持制定了"二战"中的许多战略计划。他亲自着意培育了在当时乃至后来左右世界政治格局的英美关系。总之，丘吉尔是一位人生内涵极为丰富的传奇人物。

莱大荣光

"笨学生"的求学生涯

我刚满 12 岁，就步入"考试"这块冷漠的领地。主考官们最心爱的科目几乎无一例外地都是我最不喜欢的。我喜欢考历史、诗歌和写作，而主考官们却偏爱拉丁文和数学，而且他们的意愿总是占上风。此外，我喜欢被问我知道的，他们却总是试图问我不知道的。我本愿意显露一下自己的学识，而他们却千方百计揭露我的无知。这种待遇只有一种结果：我的考试成绩并不好。

丘吉尔

在我的哈罗公学入学考试中尤其如此。校长韦尔登博士对我的拉丁文宽宏大量，显示了他独具慧眼，能判断我全面的能力。这是显而易见的，因为我被发现不能在拉丁文试卷上回答一个简单的问题。我凝视着这悲惨的景象整整两个小时，仁慈的监考老师收走了我的试卷。正是从这些表明我学业水平的蛛丝马迹中，韦尔登博士断定我够格进哈罗公学念书。这表明他是一个能够看到事物表象下面的人：一个不以考试卷面成绩取人的人，我总是最大限度地尊重他。

他的决定的结果，是我当即被编在低年级最差的一个班里。我的名次实际上居整个学校倒数第三位。我遗憾地说，后两个由于生病或其他原因几乎立即消失了。

　　我继续处于这种处境几乎一年，可是由于在低年级的时间如此之长，我获得了优于较聪明孩子们的巨大好处。他们要继续学习拉丁文、希腊语那样华丽的东西，而我被看做是个只能学英语的笨学生。因此我铭记在心的是普通英语句子的本质结构——它不是贵族的东西。在几年后，赢得拉丁诗和希腊精句奖学金和优秀荣誉的校友不得不靠普通的英语来谋生，而开拓事业时我并没有感觉到我自己有任何缺点。我自然地倾向让孩子们学英语，我会让他们都学习英语，然后让较聪明的学习拉丁语作为荣誉，学习希腊语作为难得的乐事。

　　我一方面在低年级停滞不前，另一方面却能一字不错地背诵麦考利的1200 行史诗《古罗马法律》，获得全校优胜奖，着实让人觉得自相矛盾。几乎还在学校的最低年级时，我也成功地通过了军队的初级考试。这种考试似乎唤起了我的才能，因为远超过我的许多孩子们失败了。我也有好运气——考试中的一个问题是靠记忆画出一些国家的地图，在做最后一次准备的那个晚上，我

丘吉尔

把地图册中所有国家的名字放到帽子中，然后随机地抽出新西兰，我熟记了那块领地的地理状况，而试卷中的第一个问题是：画一张新西兰地图。我开始了军旅生涯，这种选择完全是由于我收集锡兵的结果。我有差不多 1500 个锡兵，能组成一个步兵师和一个骑兵旅。我的弟弟指挥敌方军队，但根据协议，他不允许拥有炮兵——这非常重要！

　　我父亲自己进行正式视察的日子来到了，所有的军队排列成进攻的

莱大荣光

正确队形。父亲花了20分钟用锐利的目光和着迷的微笑研究情况，最后他问我是否愿意去军队。我认为指挥军队是光彩的，因此我迅速说"是的"，我的话立即被当真了。多年来我一直以为父母亲发现我具有天才军事家的素质，但后来我被告知他们仅得出我不具有当律师的才能的结论。不管怎样，小锡兵改变了我的生活志向。从此我的一切教育都是为了考入桑赫斯特皇家军事学院，再后来就是军事专业的各项技能，别的事情都得靠自己学了。

趣闻逸事

没有机会接触

英国首相丘吉尔在脱离保守党、加入自由党时，他的政敌常借机攻击他。

一次一位媚态十足的年轻妇人对他说："丘吉尔先生，你有两点我不喜欢。"

丘吉尔问："哪两点？"

"你执行的新政策和你嘴上的胡须。"

"哎呀！真这样，夫人？"丘吉尔很有礼貌地说，"请不要在意，你没有机会接触到其中任何一点。"

雅尔塔"三巨头"

听不懂的英语

第二次世界大战期间，"三巨头"

莱大荣光

在雅尔塔会谈。老谋深算的丘吉尔由于胜券在握，兴致勃勃地和斯大林单独寒暄起来。为了表示亲热，他搬出在访苏前突击学习的俄语，大说特说，热情澎湃。说了一大阵，对方只微笑不答，翻译也哑口无言。正在尴尬之际，苏方翻译打破了冷场，用极标准而流畅的英语询问丘吉尔："首相阁下，您说的英语，怎么我一句也听不懂呢？"

丘吉尔的"三国论"

"二战"后期，反希特勒的同盟国内部的力量对比，发生了不利于英国的重大变化。南非联邦总理史末资在 1943 年底对英国领导人说："战后将出现两个巨人，一个是欧洲的俄国，另一个是北美。"丘吉尔怀着痛苦和激愤的心情意识到这一点。据英国历史学家吉克斯说，丘吉尔在德黑兰会议期间一再说，他在那个时候才第一次意识到"英国是一个多么小的国家"。他描绘说："我的一边坐着把一条腿搭在另一条腿上的巨大的俄国熊，另一边是巨大的北美野牛。中间坐着的是一头可怜的

丘吉尔

英国小毛驴……然而，在这三者当中唯有小毛驴能够认准归途。"

丘吉尔的自诚

英国首相温斯顿·丘吉尔被一位妇女拦住问道："丘吉尔先生，当您知道您每次发表演说，大厅里总是挤得水泄不通时，难道你不感到兴奋激动吗？"

"承蒙夸奖，"丘吉尔回答道，"不过，每当我产生这种感受时，我

总让自己记住一点：如果我不是在发表政治演说，而是在受绞刑，观众将还会多一倍。"

丘吉尔推广"V"字

"V"作为国际通行的一种符号，表示胜利。在一些公共场合，人们往往打"V"型手势表示对胜利的祝愿和喜悦，或传递必胜的信念。

第二次世界大战期间，西欧沦陷，许多人流亡英国。当时有一名叫维克多·德拉维利的比利时人，每天从英国向比利时广播，号召同胞们奋起抗击德国占领军。1940年底的一个晚上，他在广播里提议人们到处书写V字，表示对胜利的坚定信心。几天之内，比利时许多城市的建筑物上，大街小巷的墙壁上，树干和电线杆上，甚至德军重兵把守的兵营哨所里，V字无处不在，搅得德国占领军心神不宁。从此V字不胫而走，飞越国境，传入欧洲各沦陷国。英国首相丘吉尔十分喜爱这种手势，经他在公众场合使用，V字更加出名，成了人们普遍接受的表示胜利的符号。

政治家的条件

温斯顿·丘吉尔是英国的著名首相。一次有人问他："做政治家需要有什么条件？"

丘吉尔回答道："政治家要能预言明日、下月、来年将要发生的一些事情。"

那人又问："假如预言未实现，怎么办？"

"那要再说出一个理由来。"丘吉尔说。

丘吉尔的刻薄

别让晚年丘吉尔的微笑照片欺骗你，让你对他有个慈祥老人的印象，相反地，此人非常尖酸刻薄，嘴不饶人。

萧伯纳写的话剧上演，寄了两张票给丘吉尔，说："带个朋友来吧，要是你有朋友。"

丘吉尔回答说他没空看首演，要求看第二场："要是你有第二场。"

有一次他在国会上发表言论，抨击当时的财政部长兰西·麦当奴，全文没有一个骂人的字眼：

"我记得，我小的时候，被家人带去看出名的巴拿马马戏团，它有许多变态的矮仔和异兽，但是我最想看的是怪物'无骨奇观'。我的父母断定它太恶心、太败坏而不让小孩子看。五十年后，我终于等待到，看见这无骨奇观出现在财政部里。"

毒 药

有一次，英国首相丘吉尔的政治对手阿斯特夫人对他说：

"温斯顿，如果你是我的丈夫，我会把毒药放进你的咖啡里。"

丘吉尔微笑着答道："夫人，如果我是你的丈夫，我就会把那杯咖啡喝下去。"

感 激

在一次社交活动中，有个外国大使同英国首相丘吉尔交谈，大使说："你晓得，爵士！我从未向你提过我的小孙子。"

丘吉尔拍拍他的肩膀说："我亲爱的先生，为此我实在说不出我有多么感激。"

丘吉尔

莱 大 荣 光

摇自己的头

有一次英国保守党议员威廉·乔因森克斯在议会上演说，看见丘吉尔在摇头表示不同意，便忍不住说："我想提请尊敬的议员注意，我只是在发表我自己的意见！"

丘吉尔答道："我也想提请演讲者注意，我只是在摇我自己的头。"

白 肉

在一次访美期间，英国首相丘吉尔应邀去一家供应冷烤鸡的简易餐厅进餐。在要取第二份烤鸡排的时候，丘吉尔很有礼貌地对女主人说："我可以来点鸡胸脯的肉吗？"

"丘吉尔先生，"女主人温柔地告诉他，"我们不说'胸脯'，习惯称它为'白肉'，把烧不白的鸡腿肉称为'黑肉'。"丘吉尔为自己不当的言辞表示了歉意。

第二天，女主人收到了一朵丘吉尔派人送来的漂亮的兰花，同时附有一张卡片，上面写道："如果您愿意把它别在您的'白肉'上，我将感到莫大的荣耀。丘吉尔。"

最辉煌的成就

有人问英国首相丘吉尔："您一生中最辉煌的成就是什么？"

丘吉尔淡淡一笑说："我觉得一生中最为辉煌的成就，是我竟然说服我的妻子嫁给我。"

应该没问题

英国首相丘吉尔七十五岁生日的茶话会上，一位年轻的新闻记者对丘吉尔说："真希望明年还能来祝贺您的生日。"

丘吉尔拍拍年轻人的肩膀说："我看你身体这么壮，应该没问题。"

菜

大

荣

光